로망과 —— 현실 사이

: 뉴질랜드에서의 709일

로망과 —— 현실 사이

: 뉴질랜드에서의 709일

글 그리고 사진 박 지 현

"불안함 없이 놀 수 있는 곳으로,
그냥 너희와 함께 떠나보고 싶었어."

시작하며

"뉴질랜드에서 살면 얼마나 좋을까?"

이 한 문장에 담겨 있는 호기심과 부러움, 그리고 로망.

나의 시작도 아마 그랬던 것 같다. 몇 년 전 14박 15일 캠퍼밴 여행으로 찾았던 뉴질랜드는 구름 한 점 없이 파란 하늘을 가르는 색색의 패러글라이딩과 내 뺨을 스치는 서늘하고 청명한 바람으로 기억된다.

건너 캠퍼밴에서 맛있는 저녁을 준비하고 계시는 하얀 턱수염이 덥수룩한 할아버지를 보며 '어, 산타할아버지도 뉴질랜드

놀러 왔네?' 하던, 진지해서 더 귀여웠던 둘째의 표정과 캠핑장 트램폴린에서 하늘에 닿을 듯 뛰어놀던 첫째의 웃음소리는 우리가 뉴질랜드로 갈 그 모든 이유가 되어주었다.

아이들과 2년간의 뉴질랜드살이는 우리가 꿈꿔왔던 로망과 현실 사이 그 어딘가에서 우리를 웃게 하기도, 울게 하기도 했다. 하지만 그 순간들이 아이들과 함께 해서 더 소중했고, 어쩌면 잊혀지지 않길 바랬던 것 같다.

그 시간이 지나가는 것이 아쉬울 때 마다 끄적여뒀던 글과 찍어뒀던 사진이 모여 한 권의 책이 되었다. 자칫하면 외장하드 속에 처박혀 세상 밖으로 나오지 못할 원고를 꺼낼 수 있게 도와주신 주희현 선생님과 무한한 지지를 보내주신 북메이커스 팀에게 감사의 인사를 전한다. 그리고 언제나 나의 모든 글의 첫 번째 독자인 남편과 이 모든 여정의 동행자인 두 딸에게 사랑한다는 말을 전하고 싶다.

"어쩌면, 지금 떠나고 싶은 마음을 가득 간직한 채 이 책을 폈을 당신. 당신의 그 로망도 현실이 되길 바래봅니다."

박 지 현

차례

시작하며 008

첫 번째 장 _ 이렇게 떠나도 괜찮을까

떠나갈 결심	015
비밀은 없어	018
바리바리	023
눈물의 학교 적응기	026

두 번째 장 _ 관광객과 현지인, 그 사이 어딘가에서

걷기의 즐거움	033
유월의 새해	037
비포선라이즈	041
타인의 시선	044
길티 플레저(Guilty Pleasure)	050
롱블랙과 플랫화이트	054
책을 그렇게 사랑하는 건 아닌데	057
우핸들 좌측통행	063
빵순이의 베이킹	067
거절할 수 있는 거리	072

세 번째 장 _ 확 돌아가버릴까

 아프지 말자   079
 내 택배는 어디에   083
 뉴질랜드에 대한 오해 1_일회용품과 분리수거   088
 블랙박스 대중화가 시급합니다!   092
 락다운? 그게 뭐죠?   095
 뉴질랜드에 대한 오해 2_맛있는 키위   102
 뉴질랜드에 대한 오해 3_그곳에 살면 모두 행복할까 105

네 번째 장 _ 절대반지를 찾아서

 1일차 아서스패스   111
 2일차 그레이마우스-폭스그라시아   115
 3일차 프란치조셉그라시아   119
 4일차 와나카-퀸스타운   124
 5일차 테아나우   128
 6일차 밀포드사운드   132
 7일차 블러프-인버카길   136
 8일차 더니든-오아마루   140
 9일차, 그리고 마지막 날   144

다섯 번째 장 _ 우린 또 새로운 도전을 하는거야

한여름의 크리스마스	151
영어. 영어. 영어.	156
너희는 무엇이든 될 수 있어	160
오클랜드 마라톤	165
400번의 도시락	170
귀국 준비, 혹은 짐정리 지옥	174

못다한 이야기 _ 향유고래, 빙하 그리고 아이들   180

첫 번째 장 _ 이렇게 떠나도 괜찮을까

떠나갈 결심

 아이들이 모두 잠든 저녁. 남편과 나는 여느 때와 다름없이 식탁에 앉아 오늘 있었던 일을 이야기하고 있었다. 잠 잘 때 가장 예쁜 아이들이 행여 깨지는 않을까 작은 목소리로 대화하는 것이 이제 익숙해졌다. 한창 제주도 한 달 살기, 해외 한 달 살기가 유행하던 때였다. 친한 가족 중 하나가 제주살이를 하고 온 후기와 함께 이런 저런 이야기를 나누던 중이었다.

 사실 뉴질랜드 행을 결심하게 된 계기나 과정은 정말 뭐라고 설명할 것이 없을 만큼 단순했다. 마주 앉아 이야기를 하다 보니 초등학교 2학년에 들어서면서 점점 다니는 학원이 많아지고 그에 비례해서 숙제도 많아지는 첫째가 안타깝기도 하고, 뉴질랜드에서 탔던 캠핑카를 내내 그려대는 둘째가 마음에 걸려 뉴질랜드에서 1년 정도 살아보면 어떨까 하고 남편이 제안

했던 차였다. 가만히 앉아 계산해보니 나도 박사과정 중 휴학이라는 훌륭한 제도를 사용할 수 있을 듯했고, 한국에서 들어가는 사교육비를 생각해보면 조금 무리가 되도 한번 도전해볼 만 하겠다는 생각이 들었다. 정말 그저 그것이 시작이었다.

그런데 한번 해 볼 만하겠다는 생각이 들고나니 가슴이 두근거리기 시작했다. 떠나려면 아직 6개월이 넘는 시간이 남았고, 떠나기 위해 알아본 것이 아무것도 없는데, 그저 새로운 것을 시도해 볼 수 있다는 생각만으로도 이렇게 가슴이 뛸 수 있다니. 마치 이번 주말 놀이동산에 가기로 약속 받은 아이들처럼 흥분되는 마음을 감출 수 없었다.

다음 날 아침이 되자 우리는 폭풍 검색을 시작했다. 블로그, 카페, 지인까지 총동원해 정보를 모으다 보니 흐릿하게 보이던 뉴질랜드 생활이 어느 정도 머릿속에 그려지기 시작했다. 그리고 그 다음 한 일은 학교 등록도 비자 수속도 아니라 주변 사람들에게 뉴질랜드에 가서 살아보기로 했다고 이야기하기 시작한 것이다. 이렇게 말하고 다니지 않으면 뉴질랜드살이가 그저 내 마음 속에 잠시 품었다 사라져버릴 꿈이 될 것 같았다. 다이어트의 시작도 주변에 다이어트를 선언하는 것 부터라고 했다. 낙장불입. 한 입으로 두 말하기 없기. 주변에 말하면서 스스로

이 핑계 저 핑계 대지 못하도록 도장을 꽝꽝 박아 놓기로 했다. 나도 이게 진짜 일어날 일이라는 것을 확인을 받고 싶었던 것 같다. 꿈은 자꾸 말하다 보면 이루어지는 순간이 있으니까.

   이렇게 큰 일을 이렇게 쉽게 결정해도 되는걸까 싶기도 했지만 뒤돌아보면 잘했구나 싶다. 더 많이 알아보고 깊이 고민했다면 여러 실수들을 줄였을 수도 있다. 어쩌면 더 편하고 쉬운 길, 가성비 좋은 방법이 있었을 수도 있다. 하지만 더 고민했다면 아예 시작하지 못했을 수도 있다. 아이들이 뉴질랜드에서 잘 적응할 수 있을까? 아프면 어쩌지? 돌아와서는 잘 적응할 수 있을까? 고민은 점점 더 큰 고민을 낳는다. 인생에서 어떤 순간은 그저 원하는 것, 하고 싶은 것, 도전해 보고 싶은 용기만 가지고 결심하는 것이 훨씬 가성비 넘치는 순간이 있다. 그리고 나는 우리 가족이 뉴질랜드에 가기로 결심한 그 때가 바로 그 순간이었다고 생각한다.

   무식하면 용감하다는 말에 난 백 퍼센트 동감한다. 그리고 하나 덧붙여 '단순' 무식하면 더 용감하다. 떠나고 싶다면 단순무식해져보자.

   오랜 고민은 시작을 늦출 뿐이다.

비밀은 없어

우리의 뉴질랜드행을 출발 한 달 전까지도 모르고 있던 최측근이 있었는데, 그것은 바로 당사자였던 두 딸들이다. 아이들에게 이야기하지 않았던 이유는 우선 해외로 떠난다는 사실에 들떠 일상생활이 흔들리지 않길 바랐기 때문이고, 무엇보다 한국을 떠나 뉴질랜드에서 살게 되었다는 사실을 알게 되었을 때 아이들의 반응이 어떨지 가늠이 되지 않아 차일피일 미루다 보니 그렇게 되어 버렸다.

그러다 보니 웃지 못 할 일이 종종 있었는데, 어른들끼리 모여서 뉴질랜드 준비 이야기를 한참 하다가도 아이들이 나타나면 입을 꾹 다물어야 했다. 나쁜 짓을 하는 것도 아닌데 뭔가 감추고 있다는 사실이 아이들 눈치를 보게 만들었다. 결국 심상치 않은 상황을 눈치챈 아이들이 자꾸 우리 어디 가냐며 캐

묻기 시작했다. 더이상 감출 수 없는 시점이 된 것 같아 솔직하게 말해버렸다.

"음... 우리 지난번 뉴질랜드 여행 갔을 때 너무 재밌고 좋았지? 그래서 엄마 아빠가 이번엔 좀 길게 가서 살아보려고. 거기서 학교도 다니고, 새로운 친구도 사귀고... 어때?"

아이들의 얼떨떨하면서도 묘한 반응.

"... 거기서 학교를 다녀? 얼마나 있는 건데? 놀러 가는 게 아니고 그럼 거기 사는 거야? 거기 집이 생겨? 한국엔 언제 다시 오는데? 엄마랑 아빠랑 다 같이 가는 거야?"

이걸 좋아해야 하는지, 싫다고 울어야 하는지, 아이들도 판단이 서지 않는 모양이다. 끝도 없는 질문을 쏟아내고 비로소 하는 말.

"아... 난 여기가 좋은데."
"뉴질랜드 좋잖아. 공기도 좋고. 놀이터도 엄-청 많고. 기억나지? 캠퍼밴 여행도 또 갈 수 있어."
"캠퍼밴? 뉴질랜드 가면 그럼 캠퍼밴에서 사는 거야?"

지난 여행 이후 캠퍼밴을 주구장창 그려대던 둘째가 눈을 반짝이며 엉뚱한 소리를 한다.

"아-니. 사는 건 집에서 살아야지. 근데 마당 있는 집에서 살 수 있어. 앞에 큰 트램펄린도 놓고. 재밌겠지?"

여전히 이게 좋은 일인지, 아닌지 모르겠다는 표정이지만 뉴질랜드에서의 추억이 워낙 좋았던 탓인지 가기 싫다는 소리는 하지 않는다. 그것만으로도 얼마나 다행인가.

어느 날은 뉴질랜드에 간다는 사실에 너무 신이 났다가도 친구들이랑 헤어질 생각에 입이 삐죽 나오기 일쑤였다. 하지만 주위에서 하도 '뉴질랜드에서 산다니 너무 좋겠다'는 말을 들어서 그런지 생각보다 긍정적으로 받아들이는 아이들이었다.

"그래, 한 번 가보자. 부딪히기 전엔 아무도 모르는 거야. 엄마 아빠가 옆에 있으니까 할 수 있지?"

아... 나도 우리 엄마 아빠가 같이 가면 우주까지도 갈 수 있을 텐데. 그 먼 곳까지 가서 어떻게 사냐며, 언제나 우리 생각뿐이신 부모님의 걱정을 한아름 안고 출발길에 오른다.

바리바리

[부사] 짐 따위를 잔뜩 꾸려 놓은 모양

처음 뉴질랜드를 올 때 커다란 이민 가방을 가득 채우고 있던 수많은 식료품이 기억난다. 얼마나 많이 싸왔는지 입국할 때 세관에서 음식물 검사만 한 시간이 넘게 걸렸다. 간장, 매실액, 고추장, 깨… 반입이 금지된 육가공품이나 과일 등만 빼고 정말 가지고 올 수 있는 것은 다 가지고 왔다. '바리바리' 우리 식구가 식료품을 싸온 모양새를 설명하는 최고의 단어라고 할 수 있다. 정말 이민 가방 한가득 먹을 것을 채웠다. 이건 뉴질랜드에 없겠지? 이건 비싸겠지? 이유도 각양각색이었다.

그런데.

이거 참. 우리는 몰라도 한참 몰랐었다. 우리가 살던 오클랜드 노스쇼어(Auckland NorthShore) 지역엔 4-5개의 한인 마트가

차로 10분 거리에 있었고, 그 중 규모가 큰 곳은 웬만한 한국 동네 슈퍼보다 물건도 많고 가격도 그렇게 비싸지 않았다. 간장? 브랜드 별로 있다. 과자? 지난달 새로 출시된 과자도 있다. 마트 안에 핫도그도 팔고, 야채도 팔고, 반찬도 판다. 인터넷 블로그를 조금만 살펴봐도 알 수 있었을 것 같은데, 그 땐 집 정리하랴, 서류 챙기랴 정신이 없어서 미처 검색해 볼 생각도 못했던 것 같다. 그저 외국이니까, 머니까, 물건도 별로 없고 다 비싸겠구나 짐작해버렸던 것이다.

게다가 뉴질랜드는 대부분의 공산품을 수입하기 때문에 옷걸이 하나도 비싸다며 출처도 불분명한 조언을 들어 옷걸이도 가방 한가득 가져갔던 우리다. 지금 생각하면 정말 허탈한 웃음 밖에 나오지 않는다. 가져가는 것도 힘들었지만 그 짐을 다 풀어 정리하는데도 3박4일이 꼬박 걸렸다.

오클랜드 노스쇼어는 오클랜드 시티에서 하버 브릿지를 건너 북쪽에 위치한 지역을 일컫는데, 대체로 한인이 많이 거주하고 있다. 그래서 한인 마트뿐만 아니라 한국 식당들도 꽤 다양하게 자리하고 있다. 외국의 한국 식당이라고 하면 으레 떠오르는 설렁탕, 비빔밥 말고도 즉석 떡볶이, 순대국밥 전문점도 있고 고기 뷔페와 한국 치킨 체인점도 있다. 한인들이 운영

하는 카페도 많아서 한국에서 핫하게 떠오르는 음식이 있으면 얼마 지나지 않아 뉴질랜드에서도 맛볼 수 있다.

옷걸이도 물론, 저렴하다.

아무튼 뉴질랜드도 다 사람 사는 곳이다. 요즘은 해외 배송 시스템도 너무 잘 갖추어져 있고 한국 제품 공동 구매 사이트도 있어서 물건 구하는 건 어렵지 않다. 이민 가방이 찢어질 만큼 바리바리 싸오지 않아도 불편하지 않게 살 수 있으니 아이들과 외국행을 준비하시는 분들은 참고하시길.

결국 한국에서 사갔던 고추장 두 통 중 한 통은 아예 먹지도 못하고 돌아왔다는 건 나만의 영원한 비밀이다.

이젠 그 비밀도 못 지키겠지만... 쩝.

눈물의 학교 적응기

우리 아이들은 괜찮을 거야. 우리 아이들은 잘 적응하겠지. 막연한 기대를 했었다. 자꾸 솟아오르는 마음 속 걱정을 '잘 될 거야'라는 주문으로 누르며 이곳까지 왔다.

등교 첫 날. 처음 입어보는 교복을 입고 신난 아이들과는 달리 내가 더 긴장하고 있었다. 어색한 미소를 한가득 얼굴에 담고 선생님께 아이들을 부탁하고 나니 차마 발걸음이 떨어지지 않는다.

"화이팅! 재밌게 잘 놀고 와!"

아이들에게 괜히 더 씩씩하게 인사하고 나왔지만 하루 종일 일이 손에 잡히지 않는다. 점심은 먹었나? 쉬는 시간엔 누구랑

놀고 있나? 시계만 쳐다보며 아이들 데리러 갈 시간만 기다리게 되는 것이 엄마의 마음이다. 하교시간. 와글와글 쏟아져 나오는 학생들 사이에 보이는 우리 아이들의 표정이 그렇게 나쁘지는 않다. 상기된 표정으로 조잘조잘 재밌었다고 이야기 해줘서 얼마나 고마운지.

문제는 3일 정도 지나고 난 뒤부터였다. 둘째가 교실 앞에서 떨어질 생각을 안 한다. 학교 가기 싫다고, 혼자 밥 먹는 것도 싫고, 노는 시간도 싫고 다 싫단다. 왜 또 그렇게 서럽고 안쓰럽게 우는지...

이럴 땐 대체 어떻게 해야 될까? 한참을 어르고 달래고... 결국 언니가 점심시간에 동생 교실로 와서 같이 밥을 먹어주기로 약속하고 나서야 눈물을 훔치며 교실로 들어간다. 그래, 왜 안 힘들겠는가? 한국에서는 유치원을 다니던 아이가 아는 사람도 없고 말도 잘 안 통하는 곳에서 갑자기 초등학교 수업을 듣고 있으니 그 마음도 이해가 간다. 교실 앞에서 나를 끌어안고 울던 아이가 생각나 하루 종일 마음이 편치 않다.

고민 끝에 아이의 학교 적응을 도와줄 수 있는 방법을 찾아 실천해보기로 했다.

***

첫째, 학교에 익숙해지기. 낯선 공간에 익숙해질 수 있도록, 하교 후에 바로 집으로 돌아가지 않고 학교에서 좀 더 시간을 보내기로 했다. 넓은 학교이다 보니 놀이터도 곳곳에 많아 한참을 놀다 가는 아이들이 많았다. 자연스레 같은 반 친구들과도 놀 수 있는 기회가 생긴다.

둘째, 친구 사귀기. 낯을 많이 가리는 둘째는 친구들에게 선뜻 다가가기 어려워했다. 그래서 또래의 옆집 친구를 초대해서 놀고, 학교에 있는 한국 친구들과도 같이 놀 수 있는 시간을 자꾸 만들어줬다. 점심시간에 같이 밥도 먹고 사이좋게 지내라는 잔소리도 덧붙여가면서.

셋째, 기대되는 일 찾아주기. 도시락에 아이가 좋아하는 메뉴를 싸주거나, 가방에 좋아하는 캐릭터를 달아주기도 하고, 학교에서 하는 수영 수업이나 행사 등 특별한 일을 미리 알려줘서 학교생활이 기대될 수 있도록 바람을 한껏 불어넣었다. 그리고 학교에서 봉사해줄 엄마를 찾는 메일이 오면 가장 먼저 손을 들고 학교에 다녀왔다. 안 그래도 아이들 많은 곳은 정신이 없는데, 나에게 '영어'로 떠드는 아이가 많은 곳은... 정말 영혼이 송두리째 날아가는 기분이다.

***

 그렇게 일주일. 드디어 울지 않고 학교에 가는 날이 생겼다. 물론, 그 뒤로도 우는 날이 더 많았지만 하루, 이틀 조금씩 울지 않는 날이 늘어갔다. 그러다 가끔 웃어주는 날도 생기고, 또 그렇게 한참의 시간이 지나고 난 후, 드디어 손을 흔들며 친구와 함께 교실로 들어가는 날이 왔다.

 아이가 뛰어서 친구와 함께 교실로 들어가던 그 날, 나는 정말 오랜만에 시원한 맥주 한 잔을 마셨다.

두 번째 장 _ 관광객과 현지인,
그 사이 어딘가에서

걷기의 즐거움

뉴질랜드는 사람을 걷고 싶게 만드는 묘한 매력이 있다.

한국에서 지낼 때는 어떻게 하면 덜 걷고 빠르게 목적지에 도착할지 고민했었는데, 이곳에서는 웬만하면 걷고 싶다. 가만히 창밖을 내다보면 거리에 참 많은 사람들이 걷고 있다. 날씨가 좋을 때는 물론이고 비바람이 몰아쳐도 아랑곳하지 않고 조깅하는 사람들은 실로 존경스럽다.

하루는 비가 와서 잔뜩 움츠린 채 우산을 쓰고 가는데, 연세 지긋해 보이는 할머니 한 분이 민소매에 레깅스를 입고 뛰어오고 계셨다. 마치 비가 내리고 있지 않은 것처럼. 이런 비 정도는 아무것도 아니라는 듯이 그저 뛰는 것에만 집중하며 가뿐히 내 곁을 지나가시던 모습이 왜 그렇게 잊히지 않는지. 그 뒤로 날씨 핑계로 모든 일이 귀찮아지면 자연스레 그 분의 모습이 떠오른다.

처음엔 20분 정도로 시작했다. 하교하는 아이들을 데리러 가기 전이면 오후 간식을 준비하고 약간의 시간이 남는다. 아이들이 돌아오기 전까지 남은 시간 약 30분. 짧게 남은 나의 소중한 자유 시간을 어떻게 쓸 것인지 깊은 고민이 시작되었다. 소파에 앉아서 잠시 눈을 붙일까? 날씨는 너무 좋은데 잠깐 걸어볼까? 더 망설였다가는 이도 저도 아닌게 되어버릴 것 같아서 그냥 나가기로 했다.

모자, 선글라스 그리고 운동화.

걷고 있는데 참 좋았다. 뭐가 좋았냐고 묻는다면, 그저 내가 걷고 있다는 사실이 좋았다. 일상이 되어버렸던 뉴질랜드 생활이 다시 새삼스러워지는 기분이었다. 이렇게 눈부신 햇살 속에 내가 있구나, 잠시만 걸어 나와도 바다가 내려다보이고 초록이 쏟아져 내리는 곳에 내가 살고 있구나 하는 벅찬 마음에 상쾌함이 느껴졌다. 그 뒤로 걷는 것은 나의 운동이자 힐링이 되었다.

주말에 아이들과 동네 한 바퀴 걸어볼까 하고 집을 나섰다.

얼굴에 귀찮음이 가득한 아이들을 어르고 달래서 걷고 있는데 갑자기 하늘이 어두워지면서 비가 쏟아지기 시작했다. 비옷도 없고 우산도 없는데 이를 어쩌나 걱정되는 마음에 아이들을 뒤돌아봤는데… 아이들이 깔깔대며 뛰기 시작하는 것이 아닌가.

"난 비 맞는 거 너무 좋아! 신난다!"

천방지축으로 뛰어가는 아이들을 보며 내 마음도 들썩인다. 이렇게 비 맞으면서도 웃어본 것이 언제였나. 그랬던 적이 한 번이라도 있기나 한 건지. 변덕 심한 뉴질랜드의 하늘은 또 언제 그랬냐는 듯이 금방 해가 나고, 우리는 다시 손을 잡고 씩씩하게 걸었다. 축축하게 젖은 옷을 입고 걸어도 힘들지 않은 것은 소소한 일탈 같았던 빗속의 산책이 우리에게 신선한 기운을 불어넣어 주었기 때문일 것이다.

새벽에도 걷고, 우산 쓰고도 걷고. 혼자도 걷고, 함께도 걷고. 비슷한 뉴질랜드의 일상에 무기력해지는 것이 싫어서 더 열심히 걸었다. 음악도 없이 그저 휘적휘적 걸어가면 새소리도 들리고 파도소리도 들린다. 맛있는 바비큐 냄새도 나고 고개를 돌리게 만드는 빵 굽는 냄새도 난다. 아마 내 평생 다른 곳에서는 누릴 수 없는 선물 같은 시간일 것이다. 걸어가며 사람들과 인사하고 깊은 숨을 들이 마시며 생각한다.

 이 곳에 와서 참 좋다.

유월의 새해

겨울이 되면 새벽녘 북동쪽 수평선 즈음에서 뉴질랜드 사람들이 사랑하는 '마타리키(Matariki)' 별자리를 찾아볼 수 있다. '마타리키'는 마오리어로 플레이아데스 성단(the Pleiades star cluster)으로 알려진 별자리를 일컫는 단어인데 '작은 눈들' 또는 '신의 눈들'이라는 뜻을 가지고 있다고 한다. 실제로는 9개의 별이지만 육안으로 확인되는 것은 7개의 별로, 어떤 전설에서는 이 별이 일곱 자매가 되기도 하고, 어떤 이야기에서는 한 엄마와 여섯 딸이 되기도 한다. 마타리키가 마오리족에게 중요한 의미였던 이유는 그 별자리가 한 해의 흐름을 알 수 있는 길잡이였기 때문이다. 마오리족은 마타리키를 바라보며 작물을 심고 가꾸고, 또 결실을 수확해왔다. 또한 마타리키가 하늘에서 사라졌다 다시 나타나는 6월이 되면 마오리족은 새해가 온 것을 축하하며 큰 축제를 열었다.

참 신기하다. 아주 오래 전부터 전 세계 어디에서 살고 있던지 사람들은 겨울의 한 가운데를 새해라고 생각하며 살았구나. 그래서 마오리족에게는 6월이 새해가 되는구나. 나에게 6월의 새해는 왠지 낯설다. 하지만 가만히 생각해보면 꽃과 나무와 작물들이 쉬어가는 겨울이 지나고 새로운 봄이 오면 새해를 맞이하는 것이 당연한데, 나도 모르게 그저 모두가 같은 시간을 살았을 거라고 지레 짐작해 버렸나보다.

마타리키 시즌이 되면 아이들과 함께 즐길 수 있는 다양한 공연과 축제가 많아서 찾아다니는 재미가 쏠쏠하다. 설화를 무용으로 표현한 공연이나 마오리 전통 악기를 다루어 볼 수 있는 기회도 있어 마오리족 문화에 낯선 우리 아이들에게 좋은 기회가 된다. 또 학교 수업에서도 관련된 설화를 배우고, 별자리를 그려보며 마오리족의 문화를 체득한다.

학교에서 진행되는 중요 행사 중 하나인 '마타리키 기념식(Matiriki Dawn Service)'은 새벽에 학교에 모여 학생들이 마오리 전통 공연을 하는 방식으로 진행된다. 처음엔 마타리키의 의미를 잘 모르기도 했고, 아침 7시까지 학교에 갈 자신도 없어서 그냥 지나가버렸는데, 다음 해에는 첫째가 마오리족 전통 공연인 카파 하카(Kapa haka)에 참여하게 되어 '어쩔 수 없이' 가게 되었다. '이 추운 아침에 온 사람이 몇이나 있겠어. 공연하는 아이들 부모들만 좀 왔겠지.' 싶었는데, 시간 맞춰 도착한 학교 농구장에는 이미 학부모와 아이들로 가득했다. 뉴질랜드 사람들에게 마타리키가 가지는 의미를 과소평가한 나의 무지함이다. 맨발에 마오리족 의상을 입은 아이들이 정말 추워 보이긴 했지만, 용맹함을 표현하며 함성과 함께 포이(Poi, 마오리족 공연에서 사용하는 솜이나 천을 공처럼 만들어 끈에 매달아 돌리는 도구)를 돌리며 노래를 부르는 아이들의 모습이 무척이나 기특하다.

학교에서 친구들과 함께 카파 하카 팀에 참여한 첫째는 그동안 집에서도 열심히 공연 연습을 했다. 사실 어려서부터 늘 소극적인 것 같아 걱정했던 아이인데 학교 활동에 누구보다 적극적으로 참여하는 모습을 보며 놀랄 때가 많다. 어린 마음에 남들 앞에서 말하는 것이 조금 부끄러웠을 뿐인데, 내 마음 속의 전형으로 아이를 속단했던 것 같다. 엄마는 자기 아이를 가장 잘 안다고 생각하지만 오히려 보고 싶은 것만 보거나 이미 정해진 틀 안에서 판단해버리는 것은 아닐까. 우리 아이는 어떤 아이일까, 어떻게 자랄까. 곰곰이 생각해보지만 여전히 '1'도 모르겠다. 판단하려고 하지 말자. 그저 그대로 두면 무한한 가능성으로 자랄테니.

비포선라이즈

아침에 눈을 떠 거실로 나와 창밖을 바라보면 믿을 수 없을 만큼 황홀한 하늘이 펼쳐져 있다. 어느 날은 보랏빛, 어느 날은 오렌지 빛깔로 매일 아침 다른 색을 보여주는 뉴질랜드의 새벽 하늘은 글 쓸 때는 아무리 찾아도 나오지 않던 촉촉한 감성을 마구 솟아오르게 한다. 마주할 때 마다 핸드폰을 들어 사진을 찍어 보는데 결국 그 아름다운 설레임을 사진 속에 담는 것은 불가능한 일임을 곧 깨닫게 된다. 그래 누가 그랬지. 정말 아름다운 건 눈에 담는 거라고. 그러다 문득 한국의 새벽 하늘은 어땠는가 다시 떠올려본다. 그런데 아무리 생각해도 새해 첫날 해운대에서 수많은 인파 가운데서 얼어붙은 손을 호호 불며 봤던 일출 말고는 딱히 생각나는 모습이 없다. 내가 뉴질랜드에서 갑자기 새벽형 인간이 된 것도 아닌데, 왜? 곰곰이 생각해보면 한국에서는 혹여나 앞집, 뒷집에서 보일까 커튼을 쳐

놓기 바빴고, 창을 열더라도 눈앞에 보이던 풍경은 비슷한 모습의 아파트 앞 동이었던 것 같다.

 이 곳에서의 생활은 참 날씨에 많은 영향을 받는다. 해가 나는 날은 나도 모르게 신나고 어디론가 나가야 할 것 같고, 비가 오는 날은 뼈마디가 쑤시면서 기분이 축 쳐지는 나를 발견한다. 바람이 부는 날은 창밖을 멍하니 바라보며 '이렇게 파도가 높게 치니 저 먼 바다를 건너오는 배들은 어쩌나...' 하는 생각을 하고 있기도 한다. 자연과 한껏 가까이 있는 기분이다. 물론 하늘을 자꾸 바라보는 건 하루에도 수십 번 바뀌는 날씨 때문이기도 하다. 쓸데없이 두껍게 입고 나가서 땀을 뻘뻘 흘리거나, 우산이 없어 비를 쫄딱 맞고 돌아오기 일쑤다. 하루는 하늘을 보니 저 멀리서 먹구름이 몰려오긴 하는데 지금 당장은 쨍한 날씨에 선글라스를 끼고 우산을 들고 집을 나섰다. 아이들을 데리러 간 학교에서 한 엄마는 이렇게 웃으며 인사했다

 "이제 뉴질랜드 사람 다 되셨네요."

 우리는 파아란 하늘에 상상력을 자극하는 구름이 가득하거나, 괜히 실연당한 사람처럼 눈물을 글썽이게 하는 노을을 보면 '비현실적이다', '그림 같다'고 표현한다. 하지만 생각해보

면 사실 그것들이 실재하는 현실이며, 그림은 그것을 모사한 것일 뿐이다. 다만 우리는 너무 오랫동안 깨끗한 하늘을 제대로 보지 못하고 살아온 것이 아닐까. 황사, 미세먼지, 이제는 '초'미세먼지까지 우리를 괴롭힌다. 뉴질랜드가 가진 이런 청정한 자연이 가끔은 부럽다. 아니 솔직히 말하면 정말, 많이, 자주 부럽다.

저 아름다운 새벽하늘을 바라보며 향긋한 커피 한 잔 하고 싶지만, 어서 도시락 싸고, 아침 차려서, 애들 깨워야 한다.

아, 엄마의 아침이란.

타인의 시선

　　　우리 집은 바로 앞에 버스 정류장이 있는 길가에 위치해 있다. 뉴질랜드는 산책하는 사람이 많기도 하고, 학교 가는 길목이라 낮이고 밤이고 많은 사람들이 집 앞을 오고 간다. 길가에서 우리가 주로 생활하는 공간인 2층 거실이 바로 보여서 신경 쓰일 만도 한데, 살면서 사람들의 시선에 불편했던 적이 별로 없다.

왜 그럴까?

그 이유를 가만히 생각해보다 뉴질랜드 사람들은 길을 다니며 다른 집을 별로 쳐다보지 않는다는 사실을 깨닫게 되었다.

우리는 남들이 어떻게 사는지 궁금해한다. 저 집은 인테리어를 어떻게 했을까, 요즘엔 무슨 반찬을 먹나, 텔레비전은 뭘 보고 있나 궁금해한다. 물론 이것이 나쁜 것만은 아니다. 우리 부모님 세대에는 옆집에 수저가 몇 개인지 알 정도로 이웃과 자주 왕래하고 의지하며 살았다. 그러니 이웃사촌이라는 말도 있는 것이 아니겠는가. 맛있는 음식이 있으면 나누어 먹고, 김장도 함께 하고, 그렇게 살다 보면 주변에 대한 관심이 늘어나는 것이 당연했을 것이다.

그러나 가끔은 도가 지나친 관심에 불편할 때도 있다. 오죽하면 오지라퍼(주변 일에 관심을 많이 가지고 있어 참견하기 좋아하는 사람을 일컫는 말)라고 하지 않겠나. 서로에 대해 관심이 많다 보니, 서로의 일상에 참견을 하게 되고, 또 이것은 타인의 시선에 신경을 쓰게 되는 원인이 된다. 패션이나 메이크업에 대한 높은 관심이나 다이어트에 대한 집착 등이 모두 이런 이유 때문일 것이다.

뉴질랜드에서 생활하는 동안은 이런 타인의 시선에서 자유로워 좋았다. 물론 아는 사람이 많지도 않았지만 내가 화장을 하던 안 하던, 레깅스에 늘어진 티셔츠를 입고 다니던 말던, 아무도 나의 외모에 대해 판단하고 말하지 않는다. 이런 점은 아이들의 학교 생활에서 더욱 와 닿았다. 초등학교 고학년만 되어도 아이들은 부쩍 외모에 신경을 많이 쓴다. 뚱뚱하다거나, 말랐다거나, 키가 크다거나, 작다거나, 피부가 까맣거나, 하얗거나 그 모든 것이 평균에서 조금만 어긋나도 놀림감이 되고 상처가 된다. 이것은 비단 아이들만의 문제는 아니라고 생각한다. 우리 어른들도 아이들을 보면서 알게 모르게 외모에 대한 평가를 많이 한다. '키 많이 컸네,' '안 본 사이에 통통해졌네,' '예뻐졌네,' 등등. 친근함의 표현으로 별 뜻 없이 건네는 말들이 은연 중 아이들에게는 타인의 시선을 신경 쓰도록 만드는 것이 아닐까.

살다 보면 이러한 주변의 평가들이 마치 포털 사이트의 댓글처럼 느껴질 때가 있다. 나의 모습에 수없이 달리는 우리 삶 속의 댓글. 댓글을 다는 사람들은 별 의미 없이 남기고 사라지지만 당사자에게는 마음 속 깊이 남아 상처가 될 때가 있다. 많은 자기계발 서적에서는 다른 사람들의 평가에 집착하지 말라고 말하지만, 아주 오랜 시간 우리에게 학습되어 온 것들로부터 자유로워지기는 쉽지 않은 일이다.

뉴질랜드는 스스로를 '이민자의 나라'라고 부른다. 그만큼 다양한 인종과 국적의 사람들이 모여 사는 나라이다. 어쩌면 그래서 다름에 대해 조금 더 관대하고 서로의 프라이버시를 존

중해주는 문화가 자리 잡았을지도 모른다.

  그래서 오늘도 나는, 이웃의 정이 그리운 순간도 물론 있지만, 내가 거적때기를 입고 나가도 아무렇지 않을 이 자유를 당분간 즐겨보기로 한다.

길티 플레저 (Gulity Pleasure)

나의 사랑.
중독되어 버린.
악마의 유혹.
애증의 그 무엇.

아무리 적절한 수식어를 찾아보아도 딱 마음에 드는 것이 없다. 그러던 중 우지현 작가의 『나의 사적인 그림』을 읽다 '이거다!' 싶은 단어를 찾았다. 바로, '길티 플레저(Gulity Pleasure)'.

'죄의식을 동반하지만 했을 때 즐거운 일'로, 죄책감이 들어도 끊을 수 없는 무언가를 뜻하는 신조어였다. 거부할 수 없는 치명적인 매력, 혼자만의 은밀한 즐거움, 달콤한 원수 같은 것들. 그러니까 간단히 말해, 황홀한 죄책감이다. - 우지현, 『나의 사적인 그림』, 책이 있는 풍경, 41P

바로 이 단어다. 내가 뉴질랜드에 와서 사랑에 빠진 '휘테커스(Whittakers)' 초콜릿을 적절하게 설명할 수 있는 단어는 이것 밖에 없다. 입 안에서 부드럽게 녹으면서도 가볍지 않은 달콤함. 너무 쓰지도 너무 달지도 않으면서 한 번 뜯으면 도저히 멈출 수가 없는 맛.

평소 디저트를 먹기 위해 밥을 먹는거 아니냐는 주변의 핀잔을 들을 정도로 디저트를 좋아하는 나는 세상의 웬만한 초콜릿은 다 먹어봤다고 자부했는데, 그동안 이런 맛은 찾아볼 수가 없었다. 아마도 내가 뉴질랜드에 온 것은 이 초콜릿을 만나기 위해서였나 보다.

뉴질랜드 여행 기념품으로도 유명한 휘테커스 초콜릿은 1896년부터 시작되었다고 한다. 잉글랜드에서 초콜릿, 사탕을 만들어 팔던 제임스 헨리 휘태커(James Henry Whittaker)가 뉴질랜드로 넘어와 만들기 시작했는데, 130여년이 지난 지금에 와서 뉴질랜드를 대표하는 초콜릿이 되었고, 아직도 많은 사람들의 사랑을 받고 있다. 물론 그 많은 사람들 중에는 나도 있고 말이다. 몸에 좋을 것이 없다는 걸 알면서도 그 순간의 달콤함을 잊지 못해 자꾸 다시 찾는다. 한국에 돌아가면 자주 못 먹어서 어쩌나 하는 걱정까지 하면서 말이다.

이런 나의 행동을 초콜릿 중독이라고 말할 수 있을까? 갑자기 궁금해져 인터넷에 검색해본다. 중독은 '특정 행동이 건강과 사회생활에 해가 될 것임을 알면서도 반복적으로 하고 싶은 욕구가 생기는 집착적 강박'이란다. 휴. 맞는 것 같다.

우지현 작가는 책에서 자신의 길티 플레저는 '책 구매'라고 하였는데, 나의 초콜릿 중독과는 무척 거리가 있어 보인다. 조금 민망하다. 그래도 누구나 자기만의 '길티 플레저'를 가지고 있지 않은가. 죄책감이 들긴 하지만 그래서 더 짜릿한 즐거움이기도 하고, 때로는 지루한 일상에 활력소가 되기도 한다. 하루에도 몇 번씩 이제 그만 먹어야지 하는데 또 초콜릿을 뜯고 있는 나를 발견한다. 뉴질랜드살이가 나에게 미친 엄청난 영향이다. 이러니 내가 아이들에게 군것질 그만하라는 잔소리를 어찌할 수 있을까. 부디 나보다는 건강한 식습관을 갖게 되길 소심하게 바래 볼 뿐이다.

롱블랙과 플랫화이트

여행을 하고 새로운 곳에 가서 지내는 즐거움 중 하나는 그 지역 특유의 '맛있는' 음식을 즐길 수 있다는 것이다. 그런데 매우 아쉽게도 뉴질랜드는 이 나라를 대표하는 음식이라고 할 만한 것이 별로 없다. 키위(뉴질랜드 사람들의 별칭)들이 즐겨 먹는 음식이라고 하면 피쉬 앤 칩스(생선에 두꺼운 튀김 옷을 입힌 튀김과 감자 튀김을 함께 먹는 음식)나 에그 베네딕트(빵 위에 수란과 홀랜다이즈 소스를 얹은 브런치 메뉴) 정도가 떠오른다. 하지만 그 마저도 뉴질랜드 전통 음식이라기 보다는 영국 문화권의 보편적인 음식이다.

그럼에도 불구하고 뉴질랜드에서 지내다 한국으로 먼저 돌아간 지인들에게 제일 그리운 것이 무엇이냐고 물어보면 '커피'라고 이야기하는 사람들이 많다. 아마 뉴질랜드 사람들이 가장 많이 즐기는 커피 두 가지는 롱블랙과 플랫화이트일 것이다.

직역해보면 '기다란 검정색'과 '납작한 흰색' 정도 될까? 난 형태와 색을 조합해 만든 이 두 가지 커피의 이름이 참 마음에 든다.

롱블랙은 뜨거운 물 위에 에스프레소 샷을 넣는 방식으로 아메리카노 보다 훨씬 진하게 마시는 것이 특징이다. 처음 마셨을 때는 너무 진해서 뜨거운 물을 더 부어 마셨는데, 이제는 이 진한 커피에 익숙해져 아메리카노가 밍밍하다는 생각까지 든다. 아침 햇살이 드는 카페에 앉아 첫 한 모금을 마셨을 때 온몸에 퍼지는 카페인의 그 짜릿한 느낌이란...

플랫화이트는 우유가 들어간 커피로 라떼와 비슷한데, 에스프레소가 더 많이 들어가고 미세한 우유 거품을 만들어 훨씬 진하고 부드러운 맛을 느낄 수 있다. 플랫화이트에 푹 빠진 내 친구는 뉴질랜드에서 매일 마신 플랫화이트로만 2키로는 찐 것 같단다(물론, 다른 것을 먹는 모습을 난 자주 봤기 때문에 그 말에 전-혀 동의하지 않는다). 우유가 들어간 커피를 즐기지 않는 나도 가끔은 그 진하면서 부드러운 맛이 좋다.

동네 골목 사이사이에는 아기자기하고 독특한 감성을 가진 카페들이 쉽게 눈에 띈다. 머핀, 랩, 샌드위치 등 캐비닛에 들어있는 차가운 음식부터 토스트, 에그 베네딕트 등 따뜻한 음식까지 함께 즐길 수 있는 이 공간에 앉아있으면 참 편안하다. 늘 같은 시간에 모여서 커피 한 잔을 즐기시는 할머니 모임부터, 아이들과 자전거를 타고 가다 잠시 멈춰 시원한 음료 한 잔 하는 가족들까지, 다양한 삶이 모이고 흩어진다.

한 가지 아쉬운 점이 있다면 카페들이 너무 일찍 문을 닫는다는 점이다. 보통 오전 7시에 문을 열어 오후 3-4시면 문을 닫는다. 24시간 카페가 즐비하던 한국 생활과 비교하면 빨라도 너무 빠르다. 딱, 6시 정도 까지만 해줘도 좋으련만.

롱블랙 한 잔을 마시며 이렇게 앉아있으니 이 또한 한국에 가면 그리울 한 장면이겠구나 하는 생각이 든다. 이 진한 커피가 그리워지면 그 땐 어쩌나.

책을 그렇게
사랑하는 건 아닌데

    뉴질랜드에서 생활하면서 내가 마음 놓고 드나들 수 있는 장소 중 하나는 도서관이다. 사실 내가 책을 그렇게 사랑하는 사람은 아닌데. 심지어 한국에서는 공공도서관에 마지막으로 가 본 것이 언제인지 기억도 잘 나지 않는다.

  솔직히 말해서 이곳은 주말에 날씨가 안 좋으면 별로 할 일이 없다. 기껏해야 갈 수 있는 곳이 쇼핑몰인데, 그것도 하루 이틀이지. 딱히 시간을 오랫동안 보낼 즐길 거리도 많지 않고, 온갖 핫 플레이스로 가득한 한국의 쇼핑몰에 익숙한 우리의 눈에는 모든 것이 그냥 그렇다.

  그런데 우연히 들러 본 도서관은 좀 달랐다. 주말에는 아이들을 위한 소소한 프로그램도 있고, 너무 딱딱하지 않고 편안한 분위기가 마음 속 문턱을 낮춰주었다. 꼭 동네 사랑방 같달까? 커뮤니티 프로그램들이 다양하게 진행되고 있어서 모든 것이 낯선 이방인에게도 활짝 열려 있는 곳이었다.

집 근처 도서관에는 커뮤니티 랭귀지 코너에 다양한 언어의 책이 구비되어 있다. 한국어는 물론이고 중국어, 일본어, 아랍어로 출간된 책을 쉽게 찾아볼 수 있다. 신간도 꽤 많이 보유하고 있어 생각보다 읽을 만한 책들이 많다. 다양한 국적과 인종의 사람들이 모여 사는 이 곳의 포용성에 기분이 좋아진다.

게다가 회원에 가입하면 이런 책들을 한 번에 최대 35권까지 28일 간이나 빌릴 수 있다! 공짜로!!

하지만 무엇보다 내가 주말에 도서관에 가는 가장 큰 이유는 엄마로서 아이들과 유익한 시간을 보냈다는 자기 위안이다. 도서관에서 별로 하는 일 없이 빈둥거리더라도 '방구석에서 유튜브를 보는 것 보다는 낫겠지' 하는 마음이다.

물론 한국 공공도서관 보다 이 곳이 특별히 낫다는 말은 아니다. 다만, 한국에서는 도서관에 어떤 프로그램이 있는지, 무엇을 할 수 있는지 찾아볼 생각을 못했을 뿐이다. 바쁘기도 했지만 사실 한국에서는 아이들과 할 수 있는 다른 일들이 많지 않은가.

***

 한국에서 평소에 내가 읽을 책을 고르던 모습은 1. 서점에 간다, 2. 서가를 둘러본다, 3. 꽂힌 책이 너무 많아서 돌아선다, 4. 베스트셀러 목록 앞으로 가서 1위부터 살펴본다, 5. 망설이다 한 권 구매해서 나온다. 였다. 온라인 서점에서도 크게 다르지 않아서 오늘의 추천이나 요즘 뜨는 책을 스크롤 해보다 결국 또 베스트셀러 목록을 살펴본다. 그런데 이곳에서는 좀 다르다. 물론 고를 수 있는 책의 수나 종류는 매우 제한적이지만 그런 환경이 '초절정결정장애증후군'을 가지고 있는 나에게는 최적의 환경을 조성해준다. 오랜 시간을 들여 책 제목을 살펴보고, 표지도 보고, 작가가 누군지, 어떤 내용인지 천천히 살펴보며 마음에 드는 책을 고른다. 그러다보니 한국에 있었으면 영영 보지 못했을 것 같은 책을 만날 수 있고 장르를 넘나들며 의외의 즐거움을 발견하고 있다.

 이 글을 쓰기 시작한 것도 여기서 한 작가의 에세이를 읽기 시작하면서부터였다. 그 책이 나에게 그랬던 것처럼 나도 누군가에게 영감을 줄 수 있지 않을까 하는 작은 바램. 여행을 떠나고, 낯선 곳에 머무르고, 또 아이들과 새로운 경험을 하고 싶지만 마음만 가지고 있는 사람들에게 신선한 공기를 불어넣어 줄 수 있다면 그보다 더 행복한 일은 없을 것이다.

좋아하는 책 중 존 윌리엄스의 『스토너』라는 책이 있다. 농부의 아들로 태어나 문학을 사랑했던 한 사람의 인생을 담담한 시선으로 담아낸 이 작품은 책을 읽고 난 후에도 참 오랫동안 마음에 남아있다. 그 중 주인공 스토너가 처음 자신의 이름으로 된 책을 발간하고 이런 생각을 한다.

그는 책으로 완성된 자신의 원고를 다시 읽고 자신이 생각했던 것보다 뛰어나지도 나쁘지도 않다는 사실에 조금 놀랐다. 얼마쯤 시간이 흐르자 그 책을 보는 일에 진력이 났다. 하지만 자신이 책을 썼다는 생각을 할 때마다 경이가 느껴졌으며, 자신이 그토록 커다란 책임을 따르는 일에 무모하게 나섰다는 사실을 믿을 수 없었다. - 존 윌리엄스, 『스토너』, 김승옥 역, RHK코리아, 145P

그렇다. 나의 부족한 시각과 생각들이 활자로 남아 지울 수 없게 된다는 사실은 때론 공포이기도 하다. 하지만 그럼에도 불구하고 이렇게 글을 쓰고 있는 것은 무모한 욕심일까. 용기 있는 도전일까.

지금 내가 글을 쓰고 있는 곳도 오클랜드의 한 도서관이다. 주변에서 들려오는 적당한 소음들이 마음을 편안하게 한다. 이 도서관의 책 냄새도, 사람들의 속삭이는 소리도, 나지막한 나무 천장의 포근함도 이 글과 함께 오래 간직하고 싶다.

우핸들 좌측통행

　　뉴질랜드는 한국만큼 대중교통이 잘 갖추어져 있지 않기 때문에 아이들과 생활하기 위해서 운전은 필수다. 그런데, 한국에서 운전 면허증을 발급받은 지 2년이 지난 경우에는 별도 시험 없이 뉴질랜드 면허를 발급해주니 얼마나 다행인지. 물론, 뉴질랜드에서 1년 미만으로 지낼 예정이라면 이러한 절차 없이 영문이 기재된 우리나라 면허증이나 국제 면허증을 사용해도 되지만, 신분증으로 사용할 수 있기 때문에 뉴질랜드 면허증을 발급받아 놓으면 여러모로 편리하다.

　영사관에 가서 공증을 받고 주소 증명 서류와 여권 등을 챙겨 가면 어렵지 않게 뉴질랜드 면허증을 발급받을 수 있는데, 그래도 낯선 곳에서 이런 저런 서류 업무를 보는 것은 꽤 피곤한 일이다. 큰 맘 먹고 시내로 나가본다.

면허증에 들어갈 사진은 서류 접수 시 그 자리에서 담당자가 찍어준다. 사진 찍는다고 나름 화장도 하고 갔는데, 담당자가 찍고 나서 'Amazing!'이라며 보여준 사진 속 나는 마치 현상수배범 같은 모습이다. 핸드폰 어플 속 셀카와 실제 내 모습 간의 거리는 여전히 잘 받아들여지지 않는다.

현상수배범처럼 나온 면허증이라도 일단 받고 나면 이 나라에서 나의 신분을 증명해줄 수 있는 무언가가 생겼다는 사실에 왠지 모를 안정감이 든다. 단순히 여행객이 아니라 나도 이 곳에 사는 사람이라는 느낌? 맥주를 살 때 마다 이방인이라는 것을 증명이라도 하듯 어색하게 꺼내어 놓던 여권을 이제 잠시 넣어두어도 된다.

뉴질랜드도 다른 영국 문화권 나라들처럼 차량은 좌측통행이다. 우핸들 시스템 때문에 인기가 많은 일본 중고차의 경우, 깜빡이와 와이퍼 위치도 반대라 마른 하늘에 와이퍼를 움직이는 정도는 귀여운 실수이다. 가끔 무의식적으로 방향을 틀어 마주오는 차를 보면 가슴이 철렁한다.

내가 학창시절 가장 못하던 것 중 하나가 바로 영어 듣기평가에서 길을 찾아가는 문제였다. 'Turn left'와 'turn right'가

왜 그렇게 헷갈리는지. 잘 들어 놓고도 다른 방향으로 움직이는 길치 중의 길치인 나의 놀라운 방향 감각이 뉴질랜드 운전에서는 장점이 될 줄이야. 평소에도 다른 차들의 흐름을 따라 천천히 운전하는 편이라 다행히 큰 실수는 없었지만, 여전히 운전대를 잡으면 긴장되는 것이 사실이다. 아이들을 태우고 타우랑가(Tauranga)까지 가는 2시간의 여정에서, 분명 운전하며 마시려고 산 커피를 도착하고 나서야 비로소 차갑게 한 모금 마실 수 있었던 슬픈 기억도 있다.

***

아이들이 좋아하는 영국 만화 페파 피크(Peppa Pig)에는 가족들이 이탈리아로 여행을 떠나 아빠가 렌터카를 운전하는 장면이 나온다. 반대방향으로 운전해야 하는 것을 걱정하며 엄마가 조심하라고 말하자 아빠가 뭐 그런 것을 걱정하냐는 듯이 "운전은 운전이지!"하며 자신감 넘치게 출발하는데, 바로 다음 장면에 도로에서 역주행 하고 있는 난감한 아빠의 모습이 나온다. 아이들은 보면서 깔깔거리고 웃는데 나는 그 모습을 보면서 도저히 웃을 수가 없다.

운전은 운전이지만 습관이란 건 참 무섭다.

눈치 게임 수준인 회전교차로 라운드어바웃(Roundabout) 시스템도, 낯선 각종 표지판들도 모두 날 힘들게 하는 것들이었지만, 그래도 대체로 너그러운 뉴질랜드 운전자들 덕분에 오늘도 무사히 하루를 보낸다. 익숙하지만 복잡한 한국에서 운전하는 것이 더 편할까, 아니면 낯설지만 여유로운 뉴질랜드에서 운전하는 것이 더 편할까? 아직 그 답은 잘 모르겠다.

빵순이의 베이킹

 나는 빵순이다. 일주일 동안 밥 대신 빵만 먹고 살라고 해도 살 수 있다. 솔직히 말하면 그냥 살 수 있는 정도가 아니라 행복하게 지낼 수 있다. 우리 집은 자고로 뼈대 있는 빵순이 가문으로서, 좋아하는 빵을 냉동실에 차곡차곡 쌓아 두고 끼니마다 소중히 꺼내어 드시는 친정 엄마에서부터 빵이라면 언제 어디서든 대환영인 우리 딸들까지 그 피가 이어져 오고 있다. 전국 유명 빵집을 순례하는 것은 나의 기쁨이며 점심 식사 후 먹는 타르트 한 조각은 내 삶의 행복이라 할 수 있겠다.

 나는 뉴질랜드에 와서도 맛있는 빵을 찾아 유목민처럼 헤매어 다녔다. 프랑스 빵집, 중국 빵집, 한국 빵집 그리고 마트 베이커리 코너 곳곳을 돌아다니며 이것저것 맛보았지만, 한국에서 즐겨 먹던 달콤하고 부드러운 빵은 참 찾기가 어려웠다. 가끔 한국에 있는 친구들이 연락 와서 뭐 먹고 싶은 거 없냐고 물을 때마다 앙버터, 딸기 타르트, 카스텔라 등을 속사포처럼 쏟아내면 '네가 그러면 그렇지' 하는 반응이 돌아왔다.

아니, 근데 여긴 빵이 주식이지 않나? 뭐 이렇게 맛있는 빵이 없는 것인가.

그런데 참 재밌었던 것은 한국에서 2년간 영어 강사를 하고 돌아온 뉴질랜드 분을 만난 적이 있는데, 한국에서 지내며 가장 그리웠던 것이 바로 빵이라고 했던 것이다. 한국 빵들은 대체로 너무 달아서 입맛에 맞지 않아 담백한 뉴질랜드 빵이 너무 먹고 싶었단다.

아, 입맛이라는 것은 참 신기하다. 이야기를 듣고 보니 내가 이곳의 빵이 입에 맞지 않는 것처럼 뉴질랜드 사람들도 한국 빵이 낯설겠구나 하는 생각이 들었다. 길들여진다는 것들은 참 신기하게도 우리의 취향을 만들어낸다. 그리고 그 취향에서 벗어나 새로운 것에 적응하는데는 오랜 시간이 걸리기 마련이다. 아무리 밖에서 맛있는 음식을 사 먹어도 엄마가 해 주신 된장찌개가 그리워지는 것처럼 말이다. 그리고 또 이런 것을 빵을 통해 느끼고 있는 나는 진정한 빵순이인 듯하다.

뉴질랜드에서 홈베이킹은 매우 일상적인 요리 중 하나이다. 옆집 이웃이 머핀을 구워서 예쁘게 아이싱을 올려 나누어 주기도 하고, 생일 파티에 초대받아 갔더니 아이가 좋아하는 장식으로 엄마가 생일 케이크를 만들어주는 모습을 보고 나도 베이킹에 관심이 가기 시작했다. 마트에서도 베이킹 코너가 크게 자리 잡고 있어서 밀가루, 이스트, 설탕, 토핑 등 다양한 재료를 손쉽게 구입할 수 있다. 오다가다 자꾸 보다 보니 '나도 한번 해볼까?' 하는 생각이 들었다. 처음엔 아무것도 몰라서 머핀 믹스 한 박스를 사와 아이들과 만들어봤는데, 왜 그 간단하다는 믹스를 사용하는데도 오븐에 반죽을 넣고 돌아서 보니 주방이 난장판인 것인지?

유튜브로 홈베이킹 관련 영상들을 보면서 이것 저것 시도해보기 시작했다. 그에 따른 부작용은 물론 자꾸만 늘어나는 살림이다. 빵 종류에 따라 틀도 여러 가지가 필요하고, 계량 저울도 필요하고, 핸드믹서까지... 그래, 무엇이든 시작할 땐 장비빨이라고 그랬으니까.

빵순이가 베이킹을 시작하니 무섭게 구워 대기 시작했다. 아침으로 빵을 먹겠다는 일념 하나로 밤에 반죽을 해서 숙성해두고 새벽같이 일어나 오븐을 예열하고 있질 않나. 한동안 어디를 향할지 모르고 방황하던 내 안의 열정이 베이킹을 향해 불타오르는 느낌이었다. 빵을 굽다 보면 하루가 훅 지나가버린다. 집안 가득한 빵 굽는 냄새는 참 사람을 행복하게 하고, 그 빵이 맛있으면 그 행복은 배가 된다.

오븐을 켤 줄도 모르던 내가 식빵이며, 베이글이며, 먹고 싶은 빵을 만들어 먹게 되니 빵순이로서의 자부심이 더 솟아오른다. 아, 그런데 그만큼 몸무게도 솟아오르는 것은 참 슬픈 일이다. 베이킹 실력과 몸무게는 정방향 함수임에 틀림없다.

거절할 수 있는 거리

우리는 살면서 수많은 관계를 맺고 산다.

그리고 그 관계에서 많은 위안을 얻지만, 때로는 그 관계가 우리를 옭아맬 때도 있다. 나라는 사람은 참 우유부단해서 그동안 사람과의 관계 속에서 이러지도 저러지도 못하고 끌려가는 경우가 많았다. 그러다 보니 부모로서, 자식으로서, 학생으로서, 또 연구자와 강사로서 해야 하는 수많은 의무와 책임들 속에서 허우적대며 살아왔다.

몇 년 전 방학을 앞두고 학교에서 진행하는 전시 프로젝트를 맡게 된 적이 있었다. 계획에 있었던 일은 아니었지만 상황이 여의치 않아 급작스레 기획자로 참여하게 되었다. 학기 중 강의와 공부를 동시에 하는 나로서는 대학교의 여름 방학이 시작되는 6월 말부터 초등학교 방학이 시작되는 7월 중순까지 딱 2주가 오롯이 쉴 수 있는 시간이다. 그런데 그 기간을 꼬박 할애해야 하는 프로젝트였다. 전시 폐막 다음 날 아이들의 방학이 시작되면서 잠시의 여유도 없이 바로 육아 전선에 뛰어들었던 나는 아마도 너무 지쳤던 것 같다. 그 뒤로 한동안 우울감에 시달릴 정도로 몸과 마음이 힘들었다.

지금 생각해보면 번아웃 증후군(Burnout Syndrome)의 일종이지 않았나 싶다. 나에게 주어진 모든 일을 잘 해내고 싶고 주변에 인정받고 싶어 최선을 다하지만, 계획에 없던 일들이 툭툭 내 일상에 들어오면서 감당할 수 없는 지경이 되어 버렸던 것이다. 아이들에게도, 부모님께도, 동료들에게도 좋은 사람이고 싶어 그동안 감당하기 힘든 부분까지 다 짊어지고 있었던 것은 아닐까.

그런데 해외살이를 하다 보니 어쩔 수 없이 챙기지 못하고 지나가는 일들이 생기기 시작했다. 그리고 그 과정에서 느낀 점은 꼭 모든 일을 내가 다 잘 해내야 하는 것은 아니더라는, 어쩌면 너무 당연한 사실이었다. 해외살이는 우유부단한 나에게 거절할 수 있는 적당한 핑계와 용기를 주었다.

물론, 여전히 거절은 나에게 불편한 일이다. 어떤 식으로 마음을 전달해야 할지 고민하고 또 고민한다. 혹시나 상대방이 오해하지 않을까, 이 사람들과의 관계가 멀어지지는 않을까 걱정이 된다. 하지만 나와의 관계가 신뢰 속에 잘 정립되어 있는 사람들은 그런 한 두 번의 거절에 멀어지지 않더라. 오히려 내가 할 수 없는 일은 확실히 거절하고, 할 수 있는 부분에서 최대한의 노력을 하는 것이 더 좋은 관계로 발전할 수 있는 토대가 된다는 사실을 뒤늦게 깨달아가는 중이다.

꼭 물리적 거리가 아니더라도 타인과의 관계에서 거절할 수 있는 거리는 꼭 필요하다. 어쩌면 한국에 돌아가서 또 수많은 관계 속에서 허우적거리게 될 지도 모르지만 이 시간을 통해 배운 것들이 나를 조금은 변화시키길 기대해본다. 어쩌다 어른이 되어 여전히 미숙한 나는 오늘도 하나씩 배워간다.

세 번째 장 _ 확 돌아가버릴까

아프지 말자

　　　아이들과의 해외살이를 결심할 때 가장 걱정되는 점은 '혹시라도 아이들이 아프면 어떻게 할까?'인 것 같다. 아프지 않고 지내준다면 그보다 감사한 일은 없겠지만, 한창 성장기 아이들이 병치레 한 번 안 하기란 쉽지 않은 일이다. 한국만큼 의료 시스템이 잘 갖추어진 나라도 드물고, 병원에 가서 증상을 다른 언어로 설명할 일도 까마득하다.

　뉴질랜드의 겨울은 참 길고 지루하다. 한 겨울인 7월 오클랜드의 평균 최고 기온이 14도라는 이야기를 처음 들었을 땐 그것도 겨울이냐며 얕잡아 봤던 기억이 난다. 무엇이든 겪어보지 않고 이야기해서는 안 되는 것이었는데... 나의 섣부름을 오늘도 반성한다. 한 달 중 반 이상이 비가 내리고, 보일러나 단열 시설이 잘 갖추어져 있지 않은 뉴질랜드의 집은 겨울 내내 정말 춥다. 한국의 겨울은 밖에 나가면 손이 꽁꽁 얼지언정 적어도 집 안에서는 따뜻하게 잘 수 있는데, 이곳은 차 안이 가장 따뜻하다고 느껴질 정도로 집 안에 한기가 가득하다. 오일 히터도 틀어보고 전기장판도 깔아보지만 뜨듯한 아랫목과 찜질방이 사무치게 그립다.

으슬으슬한 날씨가 계속되다 보니 아이들에게도 감기가 찾아왔다. 처음엔 콧물이 좀 나는가 싶더니 둘째가 금세 열이 오르기 시작했다. 해열제와 한국에서 가져온 감기약을 먹이며 집에서 쉬었는데 3일이 지나도 열이 떨어지질 않고 결국 밤새 열이 40도가 넘었다. 애가 축 쳐지고 잘 먹지도 못해서 덜컥 겁이 나 당장 병원을 가야겠다 싶었다. 아는 분께 받아두었던 한국인 의사 선생님이 계신 병원에 전화를 했더니 오늘은 예약이 다 차서 안 된다고 하고, 또 다른 곳은 사전에 환자 등록이 되어 있어야 예약을 받아줄 수 있단다. 예약 없이 당일 진료가 가능한 곳은 결국 응급실뿐이었다. 아픈 아이를 안고 세 시간 정도 기다렸을까. 간호사를 만나서 열이 난 기간과 증상 등을 설명하니 혹시 염증이 있을 수도 있어 소변검사와 피검사를 하자고 한다. 검사 후 또 대기. 병원은 기다림과의 싸움이다.

긴 기다림 끝에 만난 의사는 영어로 너무 빠르게 말해서 안 그래도 없는 정신을 더 없게 만들었다. 천천히 이야기 해달라고 부탁하고 난 뒤에야 남아있는 최대한의 집중력을 끌어 모아 설명을 들을 수 있었다. 염증은 없고 감기인 것 같으니 해열제를 처방해주겠다는 이야기였다. 염증이 없는 건 다행이지만 감기약도 아니고 그냥 해열제라니. 내가 얼마를 기다렸는데... 아무래도 열이 심하게 나는 것이 이상해서 혹시 독감은 아니냐고 질문했더니 그 의사의 대답.

"Maybe?(아마도?)"

그런 이야기는 나도 할 수 있다. 내 친구도 할 수 있고 심지어 아이들도 할 수 있을 것 같다. 속에서 화가 치밀어 오른다. 아픈 아이를 데리고 세 시간 넘게 병원에서 대기한 엄마의 마음 한 자락 헤아려 주지 않는 무심한 대답이 속상했다. 나중에 다른 분에게 들으니 이곳은 예방 접종은 하지만 독감 검사를 하거나 타미플루를 처방하는 경우는 많지 않다고 한다. 아무리 그래도 그렇지. 좀 성의 있게 대답해주면 안되나? 타지에서 아프면 서럽다더니 그 말이 딱 맞다.

***

아이들의 감기가 한 차례 지나고 나니 내 차례가 왔다. 밤새 누가 때리는 것처럼 온 몸이 아프더니 아침엔 어지러워 몸을 일으킬 수도 없다. 애들 아침도 먹이고 학교도 보내야 하는데 몸이 말을 듣지 않는다. 고맙게도 친하게 지내는 친구가 와서 아이들을 학교에 데려다 주고 내 밥까지 챙겨주었다. 아이들만 데리고 해외살이 하는 엄마들은 이럴 때 서로 돕고 의지하는 수밖에 없는 것 같다. 뜨끈한 뭇국을 끓여와 살펴봐주는 타지에서 만난 소중한 인연의 배려에 눈물이 핑 돈다.

그래도 내가 살던 동네는 한국인이 운영하는 약국도 있고, 의사 선생님도 계셔서 많은 도움을 받을 수 있었다. 예약을 해야 갈 수 있는 병원과는 달리, 급할 때 언제라도 갈 수 있는 한인 약국에는 피부에 난 발진이라던지, 두통과 같은 증상을 설명하고 계신 한국 분들을 자주 뵐 수 있다. 그리고 그 이야기를 귀 기울여 들어주고 적절한 약을 추천해주려고 노력하시는 약사 분들의 눈빛만으로도 위로를 받는다. 세상에 혼자 던져진 것 같던 기분이 주변의 따뜻한 마음에 녹아내리고 회복할 기운을 내본다.

이젠 아프지 말자.

내 택배는 어디에

　　당일배송과 익일배송이 당연하게 여겨지는 우리나라에서는 필요한 물건이 있으면 온라인 주문 앱부터 열게 된다. 그러나 이 곳에서의 온라인 주문은 기다림의 다른 말이다. 그나마 규모가 큰 쇼핑몰에서 주문한 경우에는 일주일 안에 받을 수 있기도 하지만, 대부분은 그 이상 기다릴 것을 각오해야 한다. 뉴질랜드 사람들은 한 달 가까이 기다리는 것도 예사로 생각하는 것 같다.

　어린이날을 기념해서 한국에 있던 남편이 EMS로 아이들 선물을 보내왔다. 아이들이 갖고 싶어 했던 바퀴 달린 신발이 담겨 있던 택배라 날짜에 맞춰 깜짝 선물해주고 싶어서 나도 기다리던 것이었다. 보통 한국에서 EMS로 택배를 보내면 뉴질랜드 우체국에서 배송을 해주는데, 송장번호로 배송 상태를 확인해봤더니 배달 완료가 되어 있는 것이 아니겠는가?

… 등골이 서늘하다.

아무리 찾아봐도 우리 집엔 택배 온 것이 없는데 이상해서 우체국 콜센터로 전화를 해보았다. 콜센터에서는 확인해보겠다고 하더니 (역시나) 한참 늦어서야 연락이 왔다. 우리 집은 150A번지 인데 158번지로 잘못 배달했다는 것이다. 그러면서 나보고 그 집에 가서 찾아오란다. … What? 하지만 영어로 따질 능력도 없고, 물건도 급한 절대 약자인 나는 결국 스스로 택배를 찾아 나섰다.

문을 두드릴까 말까. 밤에 낯선 집을 찾아간다는 것이 영 불편해서 한참 망설이다 문을 두드렸는데, 너무나 친절하게 물건을 전해주는 이웃 덕분에 우체국에 화났던 마음까지 한꺼번에 누그러졌다.

외국에서 살다보면 언어 장벽 때문에 저절로 참을성이 늘어난다. 왜 그런 일이 발생한 것인지, 잘못 배달된 것이 확인되었으면 다시 가져다주는 것이 맞지 않은지, 속 시원하게 묻고 시비를 가리지 못한 것이 한이다. 괜히 작아지는 느낌이랄까.

***

온라인 가구 쇼핑몰에서 침대를 주문한 적이 있다. 그런데 프레임은 일주일 만에 도착했는데, 같은 날 주문한 매트리스는 이 주가 지나도록 감감 무소식이다. 콜센터에 문의해봐도 업체에 연락해보겠다는 답만 계속이다. 방 한 가운데에 커다란 프레임은 설치되어 있는데 매트리스가 없어서 구석 바닥에서 자 본 사람은 내 마음을 이해할 수 있을 것이다. 대체, 왜? 내 매트리스는 어디에 있기에? 발송이 된 것인지 안 된 것인지조차 확인이 안 되었다. 결국 한 달여를 기다리다 물건을 취소하고 다른 곳에 새로 주문하고야 말았다.

아직도 그 때 그 매트리스는 어디로 간 것인지 미스테리로 남아있다. 언제부터 택배가 인내심을 뜻했던가. 뉴질랜드 사람들의 인내심이 대단한 것인지 우리나라 배송 시스템이 대단한 것인지 모르겠다. 로켓을 타고 배송해주시는 우리나라 택배 기사님들께 늘 감사드립니다. 꾸벅.

뉴질랜드에 대한 오해 1
_일회용품과 분리수거

　　뉴질랜드에 오기 전 가지고 있던 선입견이나 오해에 관한 이야기를 좀 해볼까 한다. 워낙 청정국이라는 이미지가 강해서 그런지 이곳에 오면 일회용품 판매를 엄격히 제한하고, 분리수거는 더욱 철저히 하지 않을까 막연히 생각했었다. 그래서 한국에서 싸온 엄청난 짐 속에는 정착 전 임시로 사용할 일회용 접시와 종이컵까지 들어있었다.

그런데 이건 정말 오해였다.

뉴질랜드 정부에서 비닐봉투 사용 규제 정책을 발표한 것은 2018년 중순이며 소매점까지 확대 적용된 것은 2019년 7월부터이다. 2010년부터 대형마트에서 비닐봉투 대신 종량제 봉투나 종이박스를 활용해온 우리나라와 비교해보면 훨씬 늦은 정책이다. 생각해보니 예전 캠핑카 일주를 왔을 때만해도 대형 마트에서 비닐봉투 여러 개를 겹쳐 물건을 담아주는 모습을 보고 놀랐던 것 같다. 특히 마트에서 파는 과일이나 빵 포장은 가끔 불편하게 느껴질 만큼 과도하게 플라스틱 용기로 포장되어 있기도 하다. 사용자 입장에서 깔끔하고 편리하긴 하지만, 자꾸 녹아내리는 빙하 위에서 울고 있는 북극곰에 떠올라 마음 한구석이 편치 않다.

분리수거도 마찬가지이다. 가정에서는 보통 일반 쓰레기와 재활용이 가능한 쓰레기 두 가지로 분리수거를 한다. 캔, 유리, 플라스틱, 종이를 따로 구분하지 않고 한 번에 큰 재활용 통에 모아 내놓으면 2주에 한 번씩 수거하는 차량이 와서 가져간다. 정원 관리 후 나오는 나뭇가지나 잔디 등을 따로 모아 수거하는 경우도 있지만 음식물 쓰레기는 따로 모으지 않고 일반 쓰레기에 같이 담아 버린다. 아이들과 뉴질랜드에 어학연수를 왔던 한 엄마는 처음에 음식 쓰레기를 어떻게 버려야 할지 몰라서 계속 모아뒀다 냉동실에 얼려버렸다는 웃지 못할 이야기를 들은 적도 있다. 단독주택 생활을 하다 보니 일주일에 한 번 있는 쓰레기 수거 날까지 음식물 쓰레기가 함께 섞여 있는 봉투를 가지고 있다 보면 벌레가 꼬여 난감한 경우도 생긴다. 그때그때 버릴 수 있었던 한국의 아파트 생활이 그리워지는 순간이다. 뉴질랜드의 여름은 한국처럼 무덥지 않은 것이 다행이면 다행이랄까. 아마도 여름에 건조한 날씨 때문에 이런 시스템이 가능한 것이지 않을까 싶다.

처음엔 고장난 청소기나 부서진 가구 같은 생활 폐기물도 처리할 방법을 몰라 인터넷에 검색해봐야 했다. 이런 생활 폐기물은 모아 두면 한꺼번에 처리해주는 업체를 부를 수도 있고, 근처 폐기물 처리장으로 직접 가지고 가서 무게만큼 비용을 내고 버릴 수도 있다.

뉴질랜드에 살면서 한국인들의 환경에 대한 인식 수준이 얼마나 높은지 여실히 느끼게 되었다. 아마 재활용품을 깨끗이 씻고 말려서 종류별로 분리수거 하는 것은 우리나라가 세계 최고이지 않을까 싶다. 한국의 음식물 쓰레기 처리 시스템에 대해서 들은 뉴질랜드 친구는 정말 놀라운 시스템이라며 자기들은 상상도 못해봤다고 한다. 최근에는 뉴질랜드 내에서도 환경보호에 대한 자성의 목소리가 높아지고 있는 것 같은데, 청정국의 위상에 걸맞은 시스템을 곧 갖출 수 있길 기대해본다.

블랙박스 대중화가 시급합니다!

하루는 아이들 하교 후에 바로 운동을 가려고 학교 앞 주차 구역에 차를 주차해 두었다. 늘 주차하던 곳이라 별 생각 없이 아이들을 데려와 차에 올라타려고 하는데, 사이드 미러가 꺾여 있는 것이 아니겠는가! 거울까지 빠져서 덜렁거리고 있는 모습이 정말 황당하기 이를 데 없었다. 게다가 전화번호 하나 남아 있지 않아 누가 그랬는지 알 수도 없고 한동안 멍하게 차만 바라보고 있었다.

이 곳에서는 블랙박스를 설치하고 있는 차량을 찾기 쉽지 않다. 나도 특별히 블랙박스가 필요할 일이 있을까 싶어 설치하지 않았는데, 이런 일이 생기고 나니 후회가 된다.

'뉴질랜드 사람들 이래도 되는 거야? 좋은 사람들인 줄 알았

더니 이게 뭐야!' 이런 밑도 끝도 없는 성급한 일반화의 오류가 튀어나왔다. 일단 내 옆에서 놀란 토끼 눈을 하고 있는 아이들이 있으니 화만 내고 있을 수는 없었다. 다행히 집이 멀지 않아 대충 고정해서 천천히 집으로 운전해 돌아왔다. 차고에 주차하고 자세히 살펴보니 사이드 미러가 깨지거나 전선이 끊어진 것은 아니어서 돌려 맞추니 어렵지 않게 제 상태로 돌아왔다.

물론 주차한 후에 사이드 미러를 접어두지 않은 나의 잘못도 있지만, 사실 뉴질랜드에서 주차하며 사이드 미러까지 접어 놓는 사람은 많지 않단 말이다. 그런데 이런 경험이 한 번에 끝난 것이 아니라는 것이 더 문제였다. 여전히 전화번호를 남겨 놓은 사람은 없었고, 나 역시도 주차하며 사이드 미러 접는 버릇을 여전히 들이지 못했다. 이제 몇 번 겪다 보니 당황하지 않고 대처할 수 있게 되었지만 다른 사람 차에 부딪혀 놓고 그냥 가버리는 것은 나의 상식으로는 이해가 가지 않는 행동이다. 차가 좀 더 많이 훼손되었다면 연락처를 남겼을까? 이런 것도 문화의 차이로 허용할 수 있는 부분일까?

이럴 때 마다 블랙박스를 달아야겠다는 생각이 들지만, 사실 블랙박스가 있다고 해도 이런 일로 경찰에서 차주를 찾아줄 것 같지는 않다. 나중에 블랙박스가 대중화되어 서로가 서로의 눈을 의식하고 배려하게 된다면 모를까, 나 하나 설치한다고 문제가 해결될 것 같지는 않은 기분.

역시 다른 문화를 이해하는 것은 멀고도 험한 길인 것을. 그저 오늘도 '이만한 게 다행이다'라고 마음을 다독이며 하루를 보낸다.

락다운? 그게 뭐죠?

전세계를 뒤흔들었던 코로나19.

그리고 그것이 이렇게 오랜 시간 우리의 일상에 영향을 미칠 것이라고는 미처 상상하지 못했었다. 코로나19 발생 초기, 영원한 청정지대일 것 같던 뉴질랜드에서 첫 확진자가 발생함과 동시에 사회 전체가 공포심으로 요동치는 것을 느낄 수 있었다. 한국 뉴스를 봐도, 뉴질랜드 뉴스를 봐도, 매일 코로나19 이야기로 가득했고 타국에서 난생 처음 겪는 일에 덜컥 무서운 마음이 들었다.

확진자가 지역 사회로 번지면서 마트에서 휴지, 빵, 우유 등이 동나기 시작했다. 어쩔 줄 모르다 뒤늦게 한국 마트로 달려갔지만 이미 쌀과 김치는 떨어진 지 오래였다. '어쩌지? 김치를 담가봐야 하나... 쌀이 들어오긴 하겠지?... 물이랑 휴지는 그래도 좀 사놔야 할 것 같은데...' 머리 속이 복잡해져왔다.

그러던 와중에 뉴질랜드 긴급 국경 봉쇄 조치가 내려졌다. 공공 도서관, 수영장 등이 폐쇄되고 각 대학들은 대면 강의를 중단했다. 이미 한국과의 직항은 끊긴 상황이었고, 물론 다른 나라들의 사례를 보면서 어느 정도는 예상했었지만 막상 총리의 기자회견 장면을 보니 마음이 한 켠이 '쿵' 하고 내려 앉는다. 눈에 보이지 않던 한국과 나를 연결해주던 끈이 끊어져 버린 것 같은 상실감은 어쩔 수 없었다.

거기서 끝이었으면 좋았겠지만, 결국 코로나19 대응 최고단계인 Level 4로 들어가며, 앞으로 4주간 병원, 슈퍼마켓, 주유소 등 필수 업종을 제외한 모든 사업체의 운영이 중단된다는 정부의 발표가 나왔다. 이른바 '락다운(lock down)'이 시행되는 것이다. 처음엔 설명을 들으면서도 잘 상상이 가지 않았다. 학교도 안하고, 카페도 안하고, 모든 가게가 문을 닫는다고? 그게 가능해? 그럼 반찬 가게는? 빵집은? 아무데도 못 가고 집에만 있어야 되는 거야? 모든 것이 물음표 투성이였다.

그런데, 정말 그랬다. 정말 다 문을 닫았고, 놀이터도 못 가고, 집 밖에 나가는 건 장 보는 것과 근처 산책만 허용되었다.

'삼시세끼-뉴질랜드 편'이 시작된 것이다.

사실 난 요리도 잘 못하고, 제일 맛있는 건 '남이 해주는 밥'인 사람이었다. 뉴질랜드에 와서 지내기로 결심하면서 '아이들과 같이 많은 시간 보내면서 추억 쌓자'고 했지만 사실 이렇게까지 될 줄은 몰랐다. 앞으로 이 긴 시간을 어떻게 보내야하나 막막하기도 하고 얼떨떨했다.

그렇게 꿈꾸던 매일이 주말인데, 왜 눈물이.

***

락다운 시행 초반에는 혼선이 가득했다. 한국 마트들이 필수 업종에서 제외된다는 소문에 마트로 달려가 과자와 라면을 왕창 사오기도 하고(다행히 나중엔 필수 업종으로 지정되어 한국 과자는 원 없이 먹을 수 있었다), 괜히 불안해서 자동차에 기름도 가득 채워두었다. 한국에 있는 지인들에게 설명하면 상황을 정확히 이해하지 못하는 경우가 대부분이었다. 모든 직장, 학교, 가게들이 문을 닫고 4주 동안 전 국민이 집에서 지낸다는 것이 한국에서는 잘 와 닿지 않는 일이다. 하지만 뉴질랜드 사람들은 침착하게 상황에 대응했고, 어쩔 땐 락다운 상황을 평온하게 즐기는 것처럼 보일 정도였다.

 이 기간 동안 재미있는 캠페인이 진행되었는데, 바로 자기 집 창문에 곰 인형을 세워 두는 것이었다. 서로 만나진 못해도 각자의 자리에서 서로를 응원하며, 산책을 하면서 아이들이 즐겁게 '곰 사냥'을 할 수 있도록 하자는 이 귀여운 아이디어는 전국적인 참여를 이끌어 냈다. 산책을 하다 보면 정말 많은 곰 인형들이 우리를 지켜보고 있었고, 곳곳에 쓰인 응원의 메시지가 마음을 따뜻하게 했다. 이런 사람들을 보며 불안했던 나의 마음도 점점 차분해지며 평생 처음 맞아보는 락다운이라는 상황에 점차 적응해갔다.

 지나고 나서 돌이켜 보면 그 시간들을 다 어떻게 채웠나 싶다. 그런데 또 시간은 그렇게 지나가더라. 아이들과 하루에 하나씩 미술놀이도 하고, 요리도 같이 하고, 영화도 보고, 산책도 하며 시간을 보냈다. 락다운 직전에 아이들에게 사주었던 두발 자전거는 내내 우리의 놀잇감이 되어 주었고, 재활용품을 활용해서 만들 수 있는 거의 모든 것을 만들어 본 것 같다. 아이들은 훌라 카드게임의 신이 되었고, 난 베이킹을 시작했다.

하루 종일 함께 있어야 한다고 생각하니 서로의 시간과 공간을 조금 더 존중하기 시작했다. 물론 아이들과 이것을 실천하기는 쉽지 않았지만, 요일별로 아침 당번 정하기, 지금부터 한 시간은 각자 방에서 하고 싶은 것을 하며 놀기, 팀을 나눠서 다른 길로 산책해보기 등 다양한 방법을 시도해보았다. 다행히 아이들이 잘 따라주었고 '무사히' 락다운이 끝났다.

락다운이 끝나던 날, 눈 뜨자마자 사왔던 맥모닝과 롱블랙의 맛을 잊을 수가 없다. 다시는 겪고 싶지 않지만, 코로나19가 일상의 작은 소중함을 일깨워줬다는 것은 부인할 수가 없는 사실인듯 하다.

뉴질랜드에 대한 오해 2
_맛있는 키위

뉴질랜드를 대표하는 과일은 뭐니뭐니 해도 키위다. 오죽하면 뉴질랜드 사람들을 키위라고 부를까. 그래서 여기 오면 키위 하나는 실컷 먹고 가겠구나 했었다. 그리고 아무래도 환경이 깨끗하니 다른 과일이나 야채도 모두 싱싱하고 맛있을 것 같다는 근거 없는 믿음이 있었다.

그런데.

솔직히 말해서 과일을 먹어보고 많이 실망했던 것이 사실이다. 개인적인 의견이긴 하지만 한국의 과일이 훨-씬 맛있다. 가지런히 놓여있는 예쁘고 당도 높은 귤, 빨갛고 탐스러운 딸기 등… 이 글을 쓰고 있는 지금도 눈앞에 아른거린다. 심지어 뉴질랜드산 키위도 한국에서 먹는 것이 더 맛있는 것 같다. 겨울철이면 과일과 야채 가격도 천정부지로 치솟아 마트에서 오이 하나를 살까 말까 한참 망설이게 된다.

  왜 산지에서 먹는데 한국에서 먹던 키위가 더 맛있게 느껴질까? 아이들과 베이 오브 플랜티(Bay of Plenty) 지역의 키위 농장 투어를 갔을 때 비로소 그 궁금증이 풀렸다. 뉴질랜드에서 생산되는 1등급 키위의 대부분은 해외로 수출된다고 한다. 그러니 한국에서 먹던 키위가 더 달콤하고 예쁜 것이었나 보다. 키위 농장 투어를 하면서 재미있는 사실을 많이 알게 되었는데, 우리가 키위 브랜드로 잘 알고 잇는 제스프리(Zespri)는 뉴질랜드 키위 농장 협동조합이며 뉴질랜드에서 생산되는 키위의 80% 이상이 베이 오브 플랜티에서 생산된다는 점이었다. 그리고 키위를 처음 중국에서 들여와 재배하기 시작했다는 것도 새롭게 알게 된 사실이었다.

  오클랜드 근교에는 딸기나 블루베리 농장 체험을 할 수 있는 곳이 여럿 있다. PYO(Pick Your Own)라고 하는데, 딸기를 따면서 먹을 수도 있고 가져가는 딸기는 무게만큼 금액을 지불하면 된다. 사실 뉴질랜드와 한국은 계절이 반대임에도 불구하고 둘 다 12월~1월이 딸기철인 사실은 지구과학과 농업 지식이 전무한 나로서는 그저 신기할 따름이다. 이렇다 보니 한국의 추억을 떠올리며 딸기 농장 체험에 가면 실패할 확률이 매우 높다. 한여름의 딸기 농장은 새벽에 가야 싱싱한 딸기를 맛볼 수 있다. 게으른 우리는 일찍 일어나지 못해 작열하는 태양 아래 따뜻하게 데워진 딸기를 먹어야 했다. 그리고 노지에서 벌레를 피하느라 정신없던 딸들은 딸기는 따는 둥 마는 둥 하고 아이스크림만 먹으며 돌아왔다.

그래도 여기서 블루베리와 아보카도는 실컷 먹고 가는 것 같다. 블루베리는 마트에서 사 먹는 것도 맛있지만, 주말 근교 장터에서 사 먹는 것이 꿀맛이다. 상큼 달콤한 블루베리는 도시락 간식으로도 딱이다.

아직도 가끔 마트에서 초대형 오이와 가지를 발견하면 깜짝깜짝 놀라곤 한다. 큼직해서 좋긴 하지만 수분이 훨씬 많은 이곳의 오이는 내 입 맛에는 잘 맞지 않는다. 뉴질랜드에 오면 모든 과일과 야채가 맛있을 것이라고 생각했던 나의 기대는 정말 그저 오해였던 모양이다.

뉴질랜드에 대한 오해 3
_여기 살면 모두 행복할까

고요한 해변, 깨끗한 하늘, 빙하, 온천 등 아름다워 보이기만 하는 이 곳. 누군가는 내가 뉴질랜드에 간다고 하니 이렇게 말했다.

"그런 나라에 살면 걱정이 없겠다."

나도 '뉴질랜드에 살면 얼마나 행복할까?' 라는 생각을 많이 했던 것 같다. UN에서 해마다 발표하는 세계 행복 지수를 보면, 늘 상위권을 차지하고 있는 북유럽 국가와 함께 뉴질랜드도 높은 순위에 올라있다.

그런데 뉴질랜드 청소년 자살률이 세계 최고 수준이라는 기사는 가히 충격적이었다. 유니세프의 발표에 따르면 뉴질랜드 청소년(15세-19세)의 자살률은 미국이나 영국보다 훨씬 높은 수준이었다.

물론 여기에는 여러 가지 이유가 있을 수 있다. 뉴질랜드 내 분석을 살펴보면 아동 빈곤, 높은 10대 임신률, 가정 폭력 및 학교 폭력 등의 문제가 복합적으로 연관되어 있다고 한다. 또한 마오리족과 남태평양 섬 주민 등 뉴질랜드의 문화적 정체성과 식민지화에 관한 문제도 내제되어 있다고 한다.

아름다운 자연환경이 모두를 행복하게 할 것이라는 생각은 그 전제부터 잘못되었지만 이처럼 높은 청소년 자살률은 다소 놀라운 데이터였다. 가까이에서 지켜본 키위들은 한국인보다 분명 여유롭고 편안해 보였다. 겉으로 보기엔 정치적으로 첨예한 이슈도 많지 않고, 사회적으로도 더 안정되어 보였다. 하지만 그것만이 전부는 아니라는 것. 이방인인 나는 잘 이해할 수 없지만, 그 안에서 또 치열한 갈등과 충돌이 일어나고 있음을 어렴풋이 느낀다.

사실 한 걸음 밖에서 보면 모든 것이 아름다워 보인다. SNS를 통해 다른 사람의 일상을 보다 보면 '세상에 고민이 있는 사람은 나 밖에 없구나…' 하는 생각이 들 때가 있다. 세상에 맞

집은 왜 그렇게 많고, 다들 또 왜 그렇게 예쁘게 꾸미고 사는지. SNS 속 그들은 늘 좋은 곳에 가고, 맛있는 것을 먹고, 행복한 일만 가득해 보인다. 부러우면 지는 거라고 했는데, 그들의 포스팅에 '좋아요'를 누르고 댓글을 달면서도 배 아플 때가 종종 있다.

하지만 사실 우리가 사는 모습은 다 거기서 거기다. 다른 사람이 나의 일상을 바라볼 때도 아마 나는 아무 걱정 없이 행복하기만 한 사람으로 보일 것이다. 겉으로 드러나는 모습만 가지고 다른 사람과 나를 비교하지 말자. 우리는 저마다 자기 몫의 행복을 안고, 또 자기 몫의 고민을 짊어지고 살지 않던가.

네 번째 장 _ 절대반지를 찾아서

1일차
아서스 패스

우린 꼭 남섬에 다시 가고 싶었다. 우리를 뉴질랜드에 살게 한 첫 캠퍼밴 여행의 기억이 너무 좋아서, 꼭 다시 가보자고 약속했던 차다. 신기하다 못해 신비로웠던 그 곳. 영화『반지의 제왕』속 절대반지를 찾는 기분으로 떠난 9박 10일 남섬 여정이다.

***

그러나, 고로 여행이란 예상치 못했던 돌발 상황의 조합인 법이다. 고대하고 고대하던 캠퍼밴을 받으러 간 렌트카 회사에서 원래 우리가 예약한 차에 이상이 생겼다는 소식을 듣게 되었다. 캠퍼밴 여행을 몇 달째 기다렸던 딸들은 이야기를 듣자마자 곧 울 것 같은 표정이다. 렌트카 회사에서는 작은 사이즈의 다른 차를 빌려주고, 그 차에서는 4명이 잘 수 없으니 캐빈을 예약해주겠다고 한다. 그리고 다음 날 숙소로 원래 우리가 예약했던 큰 차를 수리해서 가져다주겠다는 것이다. 뭐 이렇게 황당한 경우가 다 있나. 우리가 그 차를 시내에서 사용하는 것도 아니고 편도 3시간 이상 걸리는 거리인데 내일 차를 가져다주겠다니… 뉴질랜드에 살면서 온갖 배송 착오를 겪은 우리는 불신에 가득 찬 표정으로 이야기를 듣고 있었다. 하지만 별 대안이 없던 우리는 다음 날 오전 중에 꼭 가져다달라고 몇 번을 다짐받고 출발지인 크라이스트처치(Christchurch)를 떠났다.

그래도 여행의 시작은 금방 또 우리를 설레게 한다. 남섬의 동서를 가로지르는 길목인 서던 알프스 타운 아서스패스 국립공원(Arthur's Pass National Park)을 향해 가는데 눈 앞에 비현실적인 풍경이 펼쳐진다. 내가 있는 지금 이 곳은 파란 하늘에 날씨가 너무 좋은데, 우리가 향해 가는 설산 위는 먹구름이 잔뜩 끼어 있다. 마치 영화 속 신비로운 마법의 성을 찾아가는 기분이랄까. 아니다, 마법의 성이라기보다는 공주를 납치해간 용이 살고 있을 것 같은 성을 찾아가는 기분이다. 우리 가족 넷이서 용에 맞서 싸워 공주를 구하는 상상을 해본다. 아니. 아니다. 분명히 두 딸들은 서로 공주를 하겠다고 다투겠지. 결국 용과 싸우는 건 남편과 나의 몫일테다. 서로 싸우는 두 딸도 말려야 할 테고 말이다.

 이런 엉뚱한 상상을 하며 내륙으로 올라가니 아니나 다를까 눈이 내리기 시작한다. 오클랜드는 한 여름 같았는데, 크라이스트처치는 가을 같더니, 여긴 겨울이다. 하루에 두 계절을 건너왔다.

 생각보다 눈이 많이 내리기 시작해서 잠깐 차를 세우고 체인을 설치했다. 처음 보는 방식의 체인이라 눈밭에서 힘들게 설치하는데 기온은 급격히 떨어지고 어두워지는 것을 보니 마음이 급해진다. 눈을 맞으며 간신히 체인을 끼우고 출발했는데 언덕을 오르자마자 차가 눈에 미끄러져 멈춰버렸다.

 아... 안돼... 전화는 안 터지고(뉴질랜드 남섬은 전화가 터지지 않는 곳이 터지는 곳 보다 훨씬 많다), 내 속은 터진다.

 앞, 뒤로 차를 움직여 봐도 계속 헛바퀴를 돌며 미끄러진다. 물론, 여행이란 예상치 못했던 돌발 상황의 조합이라고 말했지만, 이 정도까진 아니어도 되는데. 남편이 운전대를 잡고 애쓰는 동안 티도 못 내고 마음속으로 '제발 제발 제에에에-발'을 외친다. 숨은 왜 참게 되는 건지. 숨을 꾹 참다 더 이상 참지 못하고 내뱉게 되던 그 순간, 차가 다시 움직이기 시작했다. 아... 그 때의 안도감이란.

그 뒤로 눈발 날리는 어두운 산길을 어떻게 달려왔는지 모르겠다. 눈 덮인 산길에서 노숙하지 않기 위해 앞만 보며 달려온 길. 무사히 홀리데이 파크에 도착하고 나니 온 몸의 긴장이 풀리는 듯하다. 소박하고 아늑한 침대에 몸을 뉘이고 나니 비로소 야생의 남섬 여행이 시작되었음을 느낀다.

2일차
그레이마우스-폭스그라시아

 아침에 일어나니 온통 눈 세상이다. 눈 볼 일이 없는 오클랜드에서 온 우리 아이들은 잠옷 바람으로 벌써 밖으로 나갔다. 눈 앞에 펼쳐진 설산을 보며 우리가 정말 남섬에 왔구나 하는 사실이 새삼 느껴진다. 그림 같은 저 풍경 안에서 강아지 같은 아이들이 눈을 만지고 노는 모습은 바라만 봐도 행복하다. 나도 그저 그 풍경에 녹아 있으면 좋으련만, 오늘 약속한 캠퍼밴을 받아야 한다는 사실 때문에 마음이 조급하다. 게다가 전화는 여전히 불통이다.

 어제 크라이스트처치 한인마트에서 사온 누룽지와 연두부로 훌훌 든든하게 아침을 먹고, 일단 전화도 좀 터지고 필요한 물품도 살 수 있는 그레이마우스(Greymouth)로 이동해서 차를 받기로 했다. 그레이마우스는 서쪽 해안가에 위치한 도시인데,

크라이스트처치가 동쪽 해안가에 있는 도시이니 하루 만에 남섬을 가로로 관통한 셈이다. 우리 눈엔 작은 도시이지만 인구 1만 4천여 명의 나름 남섬 서쪽 해안가에서 가장 큰 도시이다. 그레이마우스에 들어서니 바다가 보이기 시작하는데, 바람이 어찌나 센지 이건 뭐 파도인지 돌섬인지 구분이 안 간다. 집채만 한 파도라는 표현은 이런데 쓰는 것이구나 싶다.

시내로 도착해서 방한용품도 좀 사고 장을 보다 보니 이제 우리도 여행하며 어렵지 않게 현지 조달 가능한 뉴질랜드 전문가가 된 기분이다. 근처 햄버거 가게에서 점심을 먹으며 기다리던 '우리의' 캠퍼밴을 만났다. 이제, 진짜 여행이 시작된다.

***

보통 남섬 캠퍼밴 여행이라고 하면 크라이스트처치-마운틴 쿡-퀸스타운 루트를 많이 이용한다. 하지만 우리가 그레이마우스와 폭스그라시아를 거쳐 퀸스타운으로 가는 방법을 택한 이유는 단 하나. 바로 빙하에 오르기 위해서다. 몇 만 년을 거치며 만들어졌을지 가늠이 되지 않는 새하얗고 눈부신 빙하. 그 곳에 올라보는 것이 이번 남섬 여행에서 가장 하고 싶은 일 중 하나였다. 살면서 몇 번이나 빙하를 볼 수 있을까. 생각 만

해도 가슴이 두근거렸다.

빙하를 만날 수 있는 방법은 몇 가지가 있는데 먼저 워킹 트렉을 따라 산을 올라 빙하 끝을 살짝 보고 오는 방법, 헬기를 타고 올라가 빙하 위에 착륙했다 돌아오는 코스, 헬기로 빙하 중앙부에 내려 2시간 가량 빙하 트레킹을 하는 방법 등이 있다. 우리는 아이들과 함께 하다 보니 헬기를 타고 올라가 빙하를 잠시 보고 내려오는 방법을 선택했다.

남섬의 빙하지대로 유명한 지역은 프란츠 요셉 그라시아(Franz Josef Glacier)와 폭스 그라시아(Fox Glacier)가 있다. 그중 폭스그라시아 top10 홀리데이 파크에서 하루를 보내고 아침 일찍 빙하투어를 가기로 했다. 폭스그라시아로 가는 길은 구불구불 하지만 길 자체는 그리 나쁘지 않아서 힘들지 않았다. 하긴 어제 그 험한 눈길과 산길을 지나왔는데 그 어떤 길이 더 힘들 수 있을까.

겉으로 보기엔 너무나도 평범해 보이는 그저 한적한 시골 마을인데, 가만히 살펴보니 비로소 빙하투어를 알리는 간판과 사인들이 눈에 띈다. 부디 날씨가 허락해 주길. 내일 꼭 빙하를 볼 수 있길. 두 손 모아 간절히 기도하며 잠든다.

3일차
프란치조셉그라시아

 아- 아침에 눈을 떠보니 날씨가 너무 좋다. 이 파아란 하늘. 푸른 하늘. 헬기도 잘 뜰 것 같은 구름 한 점 없는 맑고 깨끗한 하늘. 한없이 찬양하고 싶은 하늘이다.

 마음이 벌써 헬기를 탄 듯 둥둥 떠오른다. 투어 회사 사무실에는 날씨가 좋아서 그런지 빙하투어 온 사람들로 가득하다. 빙하 트레킹을 위해 다양한 장비를 챙겨온 사람들을 보니 나도 트레킹을 해볼 걸 그랬나 하는 생각이 잠시 들었지만, 내 옆에 꼭 붙어있는 아이들을 보니 그런 생각이 금세 사라졌다. 트레킹을 가면 내 한 몸 가누기도 쉽지 않을 텐데 아이들과 함께 간다면... 별로 상상하고 싶지 않은 광경이다.

 헬기를 타기 위해서는 우선 몸무게를 재야하는데(왜 늘 몸무게

재는 것은 떨리는 일일까), 재고 나서 옷을 너무 두껍게 입었다며 괜스레 아무도 관심 갖지 않는 혼잣말을 중얼거린다.

드디어 헬기를 타러 가는 시간. 두구두구두구. 헬기장에 가까워져 오니 오고 가는 헬기의 프로펠러 소리에 내 마음이 더 쿵쾅거리기 시작했다. 어제는 날이 흐려서 예정되었던 빙하투어가 모두 취소되었고, 또 내일 예보도 좋지 않아 취소될 확률이 높다는데 오늘은 이렇게 거짓말처럼 날씨가 좋다니. 가이드가 운이 좋다며 우리에게 엄지를 척 내보인다. 정말 신나는 일이다.

헬기가 출발하고 점점 산 위로 올라가며 빙하가 보이기 시작한다. 처음 빙하가 눈에 들어오던 순간이란… 빙하들이 견뎌온 그 수만 년의 시간이 내 가슴으로 한번에 들어차는 기분. 전혀 예상치 못했던 가슴 벅참에 눈물이 핑 돌았다. 선글라스를 꼈으니 망정이지 주책없이 운다고 또 놀림받을 뻔했다. 이런 대자연의 장관을 직접 볼 수 있다는 것이 그저 감사하고 감격스러울 따름이다. 아무리 사진으로 찍고 영상으로 담아도 빙하를 처음 보던 그 순간 나의 마음은 담을 수가 없을 것이다. 눈부시게 아름답고, 쉬이 다가가기 어려운 경이로움. 날카롭게 솟아나 있는 빙하 조각들과 저 멀리 태즈만 해가 함께 어우러져 보이는 모습은 한 순간도 놓치고 싶지 않은 절경이었다. 내 표현력의 부족함이 아쉬울 뿐이다.

빙하 위에 착륙해서 사진을 찍자마자 아이들은 눈밭에서 뒹구느라 바쁘다.

"얘들아, 이게 빙하라는 거야. 수 만년의 시간을 지나오며 켜켜이 쌓인 지구의 역사 같은 것이지. 응? 얘들아? 듣고 있어??"

역시 아이들은 엄마의 감동 같은 건 아랑곳하지 않는다.

빙하 위의 시간이 너무 짧아 아쉬웠지만, 자연을 방해하는 것은 그 시간만으로도 충분하다. 나의 마음은 그 뒤로도 한참을 울렁였다. 헬기에서 내려와 다음 목적지인 와나카(Wanaka)로 향하면서도 우리는 빙하에 대해 이야기하느라 시간 가는 줄 몰랐다. 여행은 우리를 또 다른 곳으로 이끌지만, 내 마음 속 한 켠은 아직도 그 눈부시던 빙하 위에 머무르고 있다.

4일차
와나카-퀸스타운

와나카는 정말 '청명하다'라는 단어가 잘 어울리는 도시이다. 호숫가를 따라 펼쳐진 도시가 참 깨끗하고 잘 정돈되어 있다.

와나카에서는 오랜만에 아이들이 좋아할 만한 어트랙션을 찾아 나섰다. 와나카 시내에서 마운트 쿡으로 가는 국도변에 있는 퍼즐링 월드(Puzzling World)는 실내엔 착시나 퍼즐 관련 전시와 체험 공간이 마련되어 있고, 실외엔 무려 1.5Km에 달하는 대형 미로 찾기가 있다. 아이들과 가기 딱 좋은 곳이다.

그런데 만만하게 봤던 이 미로가 참 쉽지 않다. 단순히 미로를 빠져나오는 것이 아니라 사방에 위치한 각기 다른 색의 탑에 오른 후 미로를 빠져나오는 것이 미션이라 한 시간 가까이

미로 속을 헤맸다. 어른 키 높이까지 담이 있어 돌아다니다 보면 계속 같은 자리를 맴돌고 있는 것이 아닌가. 햇볕은 따갑고, 같은 자리로 돌아오는 횟수가 늘어나다 보니 아이들과 나의 짜증 지수는 점점 높아졌다.

이럴 때 필요한 건 뭐? 바로 스피드. 남편과 나의 몸놀림이 갑자기 민첩해지기 시작했다. 아이들의 발걸음이 늦어진 틈에 여기저기 뛰어다니며 길을 확인하고 아이들에게 힌트를 줘 간신히 미로를 빠져나왔다.

휴. 역시 피곤할 땐 맛있는 걸 먹어야 한다. 점심은 어제 구글맵에서 봐뒀던 부리토 푸드트럭과 피쉬 앤 칩스로 해결하기로 했다. 구글맵이 없는 뉴질랜드살이를 과연 상상할 수 있을까? 식당은 물론이고 교통정보, 아이들 미술학원까지 모두 구글맵을 통해서 찾았다. 이번 남섬 여행에서도 남편이 운전하는 동안 옆에서 내가 다음 일정을 짜는데 큰 도움을 주는 녀석이다.

뉴질랜드 남섬 작은 마을에서 부리토와 타코라? 왠지 어울리지 않는 조합이지만 평점이 너무 좋고, 남편과 내가 좋아하는 메뉴이기도 해서 한 번 시도해 보기로 했다. 그런데 오 마이

갓! 지금까지 먹어봤던 타코 중에 최고다. 와나카에서 인생 맛집을 발견할 줄이야. 사랑해요 구글. 호숫가 작은 식당에서 산 피쉬 앤 칩스도 꽤 맛있다.

이렇게 별로 기대하지 않았던 곳에서 뜻밖에 맛있는 음식을 먹으면 여행하는 즐거움이 배가 된다. 역시 뉴질랜드 관광도 식후경이다. 그래서 오늘도 다이어트는 내일부터.

***

우리의 다음 목적지는 남섬 여행의 꽃이라고 할 수 있는 퀸스타운(Queenstown)이다. 북섬에 로토루아(Rotorua)가 있다면 남섬에는 퀸스타운이 있다. 남섬에서 가장 큰 도시는 크라이스트처치이지만 스키, 루지, 패러글라이딩과 같은 레저 스포츠와 밀포드사운드로 향하는 여정의 출발점인 퀸스타운은 여왕의 도시라는 이름에 걸맞은 자태를 가지고 있다. 와나카에서 퀸스타운으로 넘어가는 길은 높은 산길에 아슬아슬한 헤어핀 도로로 캠퍼밴에겐 쉽지 않은 길이지만, 언제 다시 올 일이 있을까 싶었던 퀸스타운에 다시 간다고 생각하니 설레기만 한다. 2년 전 여행 때만 하더라도 퀸스타운을 떠나면서 참 아쉬웠었는데, 이렇게 다시 올 기회가 생길 줄이야!

퀸스타운 시내에 들러 오랜만에 도시 사람(?)처럼 레스토랑에서 스테이크에 맥주까지 곁들인 우아한 저녁 식사를 하고 나니 어느새 여행 중반부에 접어든 우리의 여정이 아쉬워진다.

  여행은 떠나는 순간부터 끝을 향해 달려간다. 이제 8일 남았네, 이제 5일 남았네, 이렇게 남은 시간을 계산하다 보면 어느덧 줄어드는 시간에 아쉬움의 무게가 더해진다. 이것은 3박 4일의 여정도, 9박 10일의 여정도 매한가지 일 것이다. 그저 우리가 할 수 있는 일은 지금 이 순간을 충분히 느끼는 것. 그것이 바로 여행 전 설레임에 대한 예의가 아닐까 한다.

  그래서 오늘도 신나게 놀고, 맛있게 먹고, 행복해본다.

5일차
테 아나우

오늘은 온천욕을 하며 여행의 피로를 풀어볼까? 인스타그램 핫 플레이스로 유명한 온센핫풀을 가기 위해 아침만 간단히 먹고 출발했다.

뉴질랜드에서 너무 야생 온천만 다녔던 탓인지 깔끔하고 고급스러운 분위기에 로비에 들어서면서부터 기분이 좋아진다. 멋진 뷰가 내려다보이는 개별 온천욕실에서 가족끼리 조용히 온천을 즐길 수 있는데, 제공해주는 커피와 간식거리를 먹으며 따뜻한 물에 들어가 있으니 천국이 따로 없다. 그동안 홀리데이 파크 공용 화장실에서 춥고 불편하게 샤워하느라 고생한 몸을 녹여본다. 편안히 씻고 나니 컨디션도 부쩍 올라간 기분이다. 뉴질랜드에서 살다 보면 한국의 목욕탕이 그리운 순간들이 있는데, 한국에 가면 이 곳 또한 그리워질 것 같다.

개운하게 목욕을 하고 나니 허기가 진다. 퀸스타운에서 제일 유명한 맛집은 뭐니뭐니 해도 퍼그버거(Fergburger)가 아닐까 한다. 지난 여행에서는 대기가 너무 길기도 했고, '햄버거가 맛있으면 얼마나 맛있겠어?' 하며 그냥 지나쳐 갔던 곳이다. 그런데 대체 왜 안 먹었던 걸까? 수많은 리뷰들을 무시했던 지난 날을 다시 한번 반성한다.

갓 나온 햄버거를 한 입 베어 무니 육즙이 흘러내리며 입안 가득 훈연향이 들어찬다. 다행히 대기도 길지 않아 퀸스타운 햇살 아래 앉아 여유를 즐겨본다. 처음 버거를 받았을 때 반만 먹어야지 했던 마음은 어느샌가 사라지고 후식으로 파타고니아 아이스크림, 커피, 초코렛 케익까지 풀코스로 뿌듯한 점심 식사를 마쳤다. 너무 배가 불러 내 몸에게 살짝 미안한 마음이 들지만, 맛있는 음식으로 가득 찬 행복한 마음이 훨씬 크니 미안한 마음은 그저 모른척 해본다.

이제 뉴질랜드 최대의 국립공원이라는 피오르드랜드 국립공원(Fiordland National Park)으로 떠나야 할 시간이다. 지난 번 남섬 여행에서 놓쳤던 밀포드사운드(Milford Sound) 여행의 거점인 테 아나우(Te Anau)에서 2박을 할 예정이다. 밀포드사운드 관광객 중 많은 사람들이 퀸스타운에서 출발하는 1일 관광 투어를 이용하지만, 우리는 아이들과 장시간 버스를 타는 것에 자신이 없어 중간 도시인 테 아나우에서 출발하기로 했다.

퀸스타운에서 테 아나우로 향하는 길은 줄곧 영화 『반지의 제왕』의 주인공 프로도와 함께 길을 떠나는 기분이다. 길이 험하진 않은데 바람이 너무 심해서 차가 좌우로 흔들린다. 테 아나우는 마오리어로 '비처럼 물이 샘솟는 동굴'을 뜻한다고 한다. 보슬보슬 내리는 비에 촉촉히 젖어 있는 테 아나우에 도착하니 도시의 이름이 어쩌면 이렇게 잘 어울릴까 하는 생각이 든다.

테 아나우에서 밀포드사운드로 가는 길은 맑은 날보다 흐린 날이 훨씬 많다. 밀포드사운드로 향하는 94번 국도는 산세가 험하고 위험한 길이 많아 눈이나 비가 오면 자주 진입이 통제된다. 내 주변에도 벌써 세 가족이 밀포드사운드 코 앞에서 길이 막혀 돌아서야 했다. 내일 부디 날씨가 우리의 여정을 허락해주길 바라며.

6일차
밀포드사운드

캠퍼밴에서 잠을 자다 보면 자연을 오롯이 느낄 수 있는 특별한 순간들이 있다. 환기를 위해 살짝 열어 둔 천장 창문으로 들어오는 환한 달빛에 눈이 부셔 잠을 깰 때도 있고, 문 밖에서 들려오는 바람소리와 새소리에 귀를 기울여 볼 때도 있다. 그리고 오늘 아침처럼 추적추적 캠퍼밴을 두드리는 빗소리에 이른 아침잠에서 깨는 날도 있다. 밀포드 사운드로 향하는 길이 혹시나 막히지 않을까 걱정했는데 창 밖을 내다보니 약한 빗줄기는 내리지만 그리 나쁘지 않은 날씨다.

따뜻하다 못해 뜨거운 롱블랙 두 잔과 아이들 주스를 사고 차에 가득 기름을 채워서 출발하는 길에 비장함이 가득하다. 도대체 어떤 길이길래 절경이라는 찬사와 함께 출입이 통제되는 것으로도 악명이 높은지 눈으로 확인할 시간이다.

바람부는 들판을 달리고 달려 산을 올라가기 시작했다.

***

 산에 압도된다는 것은 아마 이런 느낌일 것이다. 골짜기 사이로 간신히 낸 길을 지나면 양 옆의 빙하가 곧바로 쏟아져 내려올 것만 같아 괜히 어깨가 움츠러든다. 유명 관광지임에도 불구하고 밀포드사운드로 향하는 길은 개발되지 않은 야생 그대로의 모습이다. 남반구의 알프스라는 별명이 과언이 아니다.

 험한 길 끝에 놓인 호머터널은 그 명성과는 달리 간판 하나도 제대로 없이 마치 임시로 뚫어 놓은 듯 허름한 터널이다. 게다가 일방통행이라 신호 대기 후 반대편에서 차가 오지 않는 것을 확인하고 출발해야 한다. 1950년대, 지금과 같은 장비가 없던 시절, 사람이 직접 땅을 파고 암반을 폭파해 만들었다는 호머터널은 조명도 제대로 없고 천장에서 물도 뚝뚝 떨어져, 겁쟁이인 나로서는 혹시 무너지는 것은 아닌지 걱정이 될 정도였다. 게다가 이렇게 경사진 터널은 놀이동산에서 후룸라이드를 타고 지나가 본 이후 처음인 것 같다.

 참 뉴질랜드는 여러모로 나의 예상을 빗나가는 신선한 충격을 선물해주는 곳이다. 정말 큰 유명 관광지라고 생각했는데 밀포드 사운드 관광센터는 너무 낡아 귀신의 집 느낌이 물씬 나고, 새로 지었다는 크루즈 터미널은 깨끗하긴 하지만 정말 딱 화장실이랑 티켓부스만 갖추고 있는 곳이었다. 구운 계란, 바나나 우유에 햄버거까지 파는 우리나라 고속터미널 같은 모습을 바란 것은 아니었지만 적어도 따뜻한 커피 한 잔은 할 수 있을 줄 알았건만.

그래도 크루즈에 탑승했더니 매점에 놓인 한국 컵라면이 우리를 반겨준다. 으슬으슬 추운 날씨에 긴 여정 끝에 만난 컵라면 하나는 그간의 피로를 싹 잊게 해준다.

크루즈가 출발하고 피오르드 지형에 쏟아져 내리는 폭포는 물론 장관이지만 왠지 명성에 비해서는 약간 부족한 느낌이다. 너무 기대를 많이 해서일까? 아니면 그동안 뉴질랜드에서 봐온 지구의 신비로운 풍광에 너무 익숙해져서일까? 그래도 밀포드 사운드에 오지 않고 서는 뉴질랜드를 봤다고 할 수 없다고 하니 아마 못 보고 지나갔다면 서운했겠지 싶다.

아이들은 폭포 가까이 가서 몸이 젖을 정도로 물보라를 맞고 돌아와 함박 웃음을 짓는다. 하지만 크루즈 투어가 끝나고 나서 뭐가 제일 좋았냐고 물어보니 다름 아닌 컵라면이란다. 참나. (그런데 사실 엄마도 그게 제일 좋았어.)

4시반부터 다시 길이 막힌다는 예보가 있어 크루즈가 끝나자마자 부랴부랴 테 아나우로 돌아오고 나니 우리가 오늘 밀포드 사운드를 다녀온 것이 꿈이었나 싶다. 빗소리, 천둥소리 들으며 밀포드 사운드 꿈을 꾸며 잠드는 밤이다.

7일차
블러프-인버카길

오늘은 긴 이동의 날이다. 밤새 캠퍼밴을 두드리는 빗소리를 들으며 잠을 설쳤더니 빗길에 장시간 운전해 갈 생각에 걱정부터 앞선다. 아무리 그래도 기념품 샵을 그냥 지나칠 수 없지. 밀포드 사운드가 크게 그려진 티셔츠를 하나 사서 테 아나우를 떠난다.

오늘의 목적지는 뉴질랜드 최남단이자 세계 최남단 도시인 인버카길(Invercargill)과 블러프(Bluff)이다. 큰 관광지는 아니지만 뉴질랜드 남쪽 끝을 꼭 가보고 싶어서 더니든(Dunedin)으로 향하는 길에 들리기로 했다. 빗길을 달려 뉴질랜드 남섬과 북섬을 관통하는 국도 1번 종착지 스털링 포인트(Stirling Point)에 도착하니 우리가 뉴질랜드의 최북단 케이프레잉가(Cape Reinga)부터 최남단인 이 곳까지 돌아봤다는 사실이 새삼 감격스럽다.

여행을 하면서 늘 날씨가 좋으면 금상첨화이겠지만, 그렇지 않더라도 나름의 정취가 있는 날이 있다. 바로 오늘이 그런 날인 것 같다.

비바람이 몰아치는 스털링 포인트에 서서 망망대해를 바라보니 조금만 더 나아가면 저 넘어 남극에 다다를 수 있을 것 같은 기분이 든다. 내가 한국을 떠나, 적도를 넘어, 뉴질랜드에 와서, 다시 남섬을 오고, 그 땅 가장 아래 쪽에 서있다고 생각하니 묘한 느낌이다. 아이들과 함께 이 땅 끝에 서있는 우리를 스스로 대견해하며 남편과 서로 토닥여주었다.

그리고 또 하나, 내가 인버카길에서 꼭 가고 싶었던 곳은 지구 남쪽 제일 끝에 위치하고 있다는 스타벅스이다. '지금 아니면 언제 또 와 보겠어' 하는 자기합리화 기제가 또 발동해서 추운 날씨에도 꾸역꾸역 아이들을 끌고 찾아간다. 없어진건가 불안한 마음이 들 때쯤 눈 앞에 나타난 작고 작은 스타벅스. 지구 남쪽 제일 끝 스타벅스가 아니라 지구에서 가장 작은 스타벅스가 아닌가 하는 생각이 들 정도이다. 하지만 작아도 상관없다. 커피 한 잔에 기념 텀블러까지 구매하고 나니 밀렸던 숙제를 깔끔하게 마무리한 기분이다.

땅끝 마을 인버카길을 떠나 더니든으로 이동하다보니 점차 날이 개어온다. 더니든을 향하는 길에는 그동안 남섬에서 보았던 높고 험준한 산 대신 목장 초원지대가 펼쳐진다. 아… 그동안 내가 만화에서 보던 동산들이 바로 이거였구나. 만화 『플랜더스의 개』의 넬로와 파트라슈가 뛰어갈 것만 같은 이 언덕 너머에는 또 어떤 풍경이 펼쳐질지 기대가 된다.

더니든은 크라이스트처치에 이어 남섬에서 두 번째로 큰 도시이다. 크라이스트처치를 떠난 이후 빙하부터 땅끝마을까지 줄곧 자연 속에 파묻혀 지냈는데, 오랜만에 도시에 오니 복잡한 찻길이 어색하다.

무사히 홀리데이 파크에 도착해서 아이들 씻기기, 밀린 빨래하기, 저녁 식사까지 저녁 업무 3종 세트를 끝내고 나니 진이 빠진다. 사실 오늘 저녁은 곰탕과 미트볼, 그리고 고추 참치까지 인스턴트 퍼레이드이긴 했지만. 그래도 다같이 여행하는데 엄마는 왜 도착해도 쉬지를 못하는데! 응? 괜히 심통이 나서 침대에 누워버린다. 내일 점심은 진짜 맛있는 것 사 먹을거다? 알았지? 오늘밤도 역시 구글맵을 손에서 놓지 못할 건가보다.

8일차
더니든-오아마루

오랜만의 도시 여행에 맞춰 활짝 갠 날씨가 갑자기 봄을 느끼게 한다. 워낙 이동거리가 길다 보니 사시사철을 다 겪으며 다닌다.

커다란 캠핑카를 끌고 시내로 나왔더니 주차할 곳이 마땅치 않다. 일방통행 길을 하염없이 빙글빙글 돌다 간신히 주차를 하고 오타고 뮤지엄(Otago Museum)으로 향했다. 아침부터 주차하느라 너무 진을 빼서일까? 뮤지엄에 들어서기도 전에 어질어질 기력이 딸린다. 뮤지엄 관람도 식후경이니 1층 카페에 앉아 커피와 베이글을 주문했다. 아… 커피 한 모금에 세상을 다 얻은 기분을 느끼니 그저 여기 앉아만 있다 가도 너무 좋겠다 싶다. 물론 내 옆에서 계속 심심하다고 조르는 저 아이들이 덕분에, 이건 그저 나의 작고 사소한 희망사항일 뿐이다.

차마 떨어지지 않는 아쉬운 발걸음을 뒤로 하고 아이들과 전시장으로 올라갔다. 그런데 전시도 보기 전에 만들기 체험 공간에 자리 잡은 아이들은 아무리 기다려도 움직일 생각이 없다. 혼자 천천히 전시를 둘러보기 시작했다. 늘 느끼는 것이지만 뉴질랜드 각 지역 박물관에는 마오리족 문화에 대한 전시가 잘 구성되어 있다. 식민지화 보다는 그들의 문화를 존중하고, 연구하고, 교육하는 것이 뉴질랜드 고유의 문화를 만들어가는 밑바탕이 되고 있는 듯하다.

 뮤지엄을 나와 뉴질랜드에서 가장 오래된 대학교이자 의대로 유명한 오타고 대학 캠퍼스를 걸었다. 어린시절 대학 캠퍼스를 가보면 대학 생활에 대한 멋진 꿈을 꾸고 목표가 생길 것 같은 것은… 그저 엄마의 기대일 뿐이겠지? 캠퍼스를 걸으니 설레는 마음이 드는 것은 아이들이 아니라 오히려 남편과 나인 것 같다. '라떼는 말이야' 신공을 발휘하며 아이들에게 서로 대학 시절 추억을 들려주다 보니 어느새 시간이 훌쩍 지나간다.

 도시에 왔으니 패밀리 레스토랑 느낌이 물씬 나는 식당에서 피자와 파스타로 든든하게 배를 채우고 옥타곤 광장의 퍼블릭 아트 갤러리에 들렀다. 아이들과 여행을 다니다 보니 어디든 아이들을 위한 공간을 중요하게 보게 되는데, 이 곳도 그런 점에서 높은 점수를 줄 수 있을 것 같다. 덕분에 아이들은 아빠와 키즈 라운지에서 놀고, 나는 조용히 전시를 볼 수 있는 뜻밖의 시간을 선물 받게 되었다. 아무리 다리가 아파도 이런 기회를 놓칠 수는 없다.

전시장에서 메탈 파이프와 일상의 오브제를 활용해 만든 재미있는 작품이 눈에 띈다. 한참 살펴보다 보니 오클랜드를 기반으로 활동하는 한인 작가 Yona Lee의 작품이다. 해외에서 지내다보면 K-pop이나 한국 영상 콘텐츠의 높아진 위상을 느끼게 되는데, 대중문화뿐만 아니라 미술 작가와 작품들도 해외에서 많은 주목을 받고 있음을 느끼니 왠지 어깨가 쭈욱 펴지는 기분이다.

이제 더니든을 떠나 오아마루(Oamaru)로 가야한다. 길에 노오란 꽃이 한가득 하니 봄노래가 절로 나온다. 분명 엊그제는 피오르드 산맥 속에 있었는데, 오늘은 이런 봄 길이라니... 참 적응이 안 된다.

아이들과 함께 카드놀이 하다 자려고 누웠더니 둘째가 묻는다.

"엄마 이제 몇 밤 남았지?"

"응, 이제 두 밤 남았어."

"벌써? 안 돼. 아빠, 우리 캠퍼밴 여행 계속 하면 안 돼? 아니면, 우리 집 팔고 캠퍼밴 사자. 여기 살면서 돌아다니면서 자면 되잖아."

갑자기 밑도 끝도 없는 주거 계획을 늘어놓던 둘째는 여행이 끝나는 것이 아쉬운지 한참을 운다.

"우리 아쉬우면 빨리 자고, 내일 일찍 일어나서 더 알차게 놀아보자. 알았지?"

그러니까 이제 그만 자자. 엄마 졸려. 이제 자자고. 응?

9일차,
그리고 마지막 날

아침에 일어나니 종잡을 수 없는 뉴질랜드의 날씨는 비를 또 후두둑 뿌려댄다. 이제 남은 음식들을 정리해야 하니 오늘 아침은 남아있던 짜장밥, 참치캔 등을 털어 먹어본다.

오아마루는 남섬 동해 바닷가의 작은 도시이지만 블루펭귄의 서식지로 유명한 곳이다. 야생 블루펭귄을 보기 위해서는 바닷가에서 앉아 해가 지고 난 뒤 바다에서 돌아오는 펭귄 떼를 기다려야 한다. 하지만 여행 막바지 딸리는 기력으로 추운 바닷가에서 펭귄을 기다릴 생각을 하니 도통 엄두가 나지 않아 아이들에게 말도 꺼내지 않고 그냥 떠나려던 참이었다. 그래도 오아마루에 추억 하나 없이 지나치기는 아쉬워 출발 전 해변 카페를 잠시 들르기로 했다. 바닷가 바로 앞에 위치한 이 카페는 창밖으로 내다보이는 멋진 풍경 뿐 만 아니라 폐기계를 활용한 독특한 놀이터에 맛있는 커피와 스콘까지 더해진 환상의 조합을 갖추고 있었다. 그저 하룻밤 머문 곳으로 지나칠 수 있었던 오아마루라는 도시에 기분 좋은 추억 하나를 얹어준 행운 같은 곳이다.

카페에서 앉아 크라이스트처치로 바로 들어갈까 아니면 어디를 잠시 들렀다 갈까 하며 지도를 들여다보다 계획에 없던 오라나 야생 동물원(Orana Wildlife Park)을 가보기로 결정했다. 역시 캠퍼밴 여행의 묘미는 '가볼까?' 하면 갈 수 있다는 것이 아니겠는가.

차에서 간단히 초코 잼에 바나나 샌드위치를 먹으며 3시간여를 달려 동물원에 도착했다. 야생 동물원이라는 이름이 참 적절하다고 느껴질 정도로 동물원은 야생의 향기가 물씬 풍겼다. 울타리는 보일 듯 말 듯하고, 넓은 공간을 차지하고 있는 동물들을 보니 역시 뉴질랜드는 인구 밀도뿐만 아니라 동물 밀도도 낮구나 싶다. 덕분에 동물 한 마리를 보려면 아주 많이 걸어야 하는 예상치 못한 단점이 있는 것도 사실이다.

곧 사자 먹이 주는 시간이라며 아이들이 잔뜩 기대하며 기다리고 있다. 하지만 한국처럼 사육사가 귀여운 머리띠를 하고 나와 재미있는 설명과 함께 먹이를 주는 이벤트를 기대하면 안 된다는 것을 잘 알고 있는 나는 빨리 시간이나 갔으면 하는 마음으로 앉아 있었다.

그런데 먹이 시간이 되니 어디선가 구석구석에 숨어있던 사자들이 하나 둘씩 그 모습을 드러내기 시작했다. 어림잡아도 일고여덟 마리는 되어 보인다. 게다가 어찌나 가까이까지 다가오는지 그 위용에 나도 넋을 놓고 쳐다보게 된다. 아프리카를 가지 않는 이상 이보다 더 가까이에서 사자를 볼 일은 없겠지.

갑자기 구름이 끼고 빗방울이 떨어지며 추워지기 시작해서 미련 없이 크라이스트처치 홀리데이 파크로 향했다. 역시 남섬 제1의 도시 Top10 홀리데이 파크답게 잘 갖추어진 시설과 큰 규모가 돋보이는 곳이다. 남은 고기와 야채들을 싹싹 털어 마지막 저녁 만찬을 즐겼다.

이제 캠퍼밴 여행을 정리해야 하는 시간, 아이들은 열흘간의 여행이 아쉽기만 한지 쉽게 잠에 들지 못한다.

"다음에 또 오면 되지."
"이제 한국 가고 나면 캠퍼밴 여행 못하잖아."

"아니야, 요즘 한국에서도 캠핑이 유행이래. 그리고 다른 나라 여행가도 캠퍼밴 여행할 수 있어."

"그래도 나 집에 가기 싫어. 캠퍼밴 여행 더 하고 싶단 말이야."

둘째가 또 울먹인다.

그래 어쩌면 이번이 마지막 캠퍼밴 여행일 수도 있겠지. 하지만 또 그렇지 않을 수도 있겠지. 재작년 2주간의 뉴질랜드 여행을 마치며 이제 또 뉴질랜드를 올 일이 있을까 했던 우리가 이렇게 2년 동안 여기 살고 있는 것처럼 인생은 알 수 없는 거니까.

그러니까 우리 너무 아쉬워하지도 말고, 너무 슬퍼하지도 말고, 그저 이 순간의 설레임과 추억을 좀 더 즐기고 기억하자. 이 여행의 기억이 나중에 너희 마음 속 한 켠에서 도전을 두려워하지 않는 용기와 그 순간을 즐길 수 있는 에너지를 줄 수 있는 '절대반지'가 된다면 엄마는 더 바랄 것이 없을 것 같으니까.

다섯 번째 장 _ 우린 또 새로운 도전을 하는거야

한여름의 크리스마스

　　남반구에서 느낄 수 있는 아주 특별한 경험. 바로 한여름의 크리스마스다. 언젠가 영화에서 작열하는 태양 아래 바닷가에서 수영복에 산타 모자를 쓰고 크리스마스 파티를 하는 장면을 본 적이 있는데, 바로 뉴질랜드가 그런 곳이라니.

　아무리 더워도 크리스마스의 설렘은 북반구에 뒤지지 않는다. 11월 즈음부터 가게들은 하나둘씩 크리스마스 장식을 하느라 바쁘고, 12월이 되면 곳곳에서 크리스마스 퍼레이드가 열린다. 물론 그 퍼레이드를 보기 위해서 선크림은 필수다. 1934년부터 시작된 오클랜드 산타 퍼레이드는 지역 주민들이 함께 참여하는 의미 있는 행사다. 아이들과 산타 퍼레이드를 보기 위해 서둘러 시내로 나왔지만 이미 도로엔 사람들이 가득하다. 퍼레이드는 솔직히 말해 화려한 놀이동산 퍼레이드에 눈이 높아진 어른들에게는 시시했지만, 아이들은 산타와 루돌프 그 하나만으로도 너무 즐거워했다.

학교에서도 학년말 학예회(End of year show)로 크리스마스 콘서트를 준비한다. 캐롤과 율동을 연습하는 아이들의 몸짓에 신남이 가득하다. 한여름의 크리스마스에 맞게 개사된 가사 속에는 '눈이 내리는 화이트 크리스마스'는 '햇볕이 내리쬐는 선샤인 크리스마스'가 되고, '썰매를 타는 어린 아이들'은 '서핑을 하는 즐거운 아이들'이 된다. 콘서트 날에는 온 가족이 학교 잔디밭에 돗자리를 깔고 간식거리를 챙겨와 소풍하는 마음으로 공연을 즐긴다. 부모들도, 아이들도, 선생님들도 모두 빨간색, 초록색 옷을 입고 맘껏 즐기는 하루다. 늘 추운 크리스마스에만 익숙하던 우리에겐 정말 독특하고 재미있는 경험이었다.

뉴질랜드 친구들은 아무래도 추운 크리스마스가 궁금한 듯하다. 크리스마스에 눈이 내리는지, 얼마나 추운지, 산타가 어떤 선물을 주고 가는지 질문이 쏟아진다. 반면 내 눈에는 더운 날씨에도 불구하고 늘 털모자와 수염을 기르고 있는 뉴질랜드 산타가 세상에서 가장 힘든 직업처럼 보인다.

크리스마스 스페셜 아이스커피, 루돌프가 그려진 반팔 티셔츠, 진저 브래드맨이 장식되어 있는 선글라스. 날씨에 상관없이 크리스마스의 두근거림은 늘 기분이 좋다. 올해는 산타 할아버지가 우리 아이들에게 어떤 선물을 주고 가실까? 혹시 외국에서 아이들 키우느라 고생했다고 내 선물도 챙겨 주시진 않을까? 살짝 기대해본다.

Jingle Bells (Kiwi Style) by The Polkadots

Splashing through the waves 파도 위의 물보라
On a Kiwi Christmas day 키위 크리스마스에는
Oh, the beach we go 우리가 가는 해변엔
Laughing all the way 웃음만 가득

Sunburn makes us sting (ouch!) 햇볕에 타서 따갑지만
With sunscreen she'll be right (she'll be right) 자외선 차단제가 있으니 괜찮을꺼야
We just want to laugh and sing 우리는 그저 웃고 노래하고 싶어
Our Christmas songs tonight 오늘밤 우리의 크리스마스 노래

Oh, jingle bells, jingle bells jingle all the way
Oh what fun, it is to have a Kiwi Christmas day, hey!
Oh, jingle bells, jingle bells jingle all the way
Oh what fun, it is to have a Kiwi Christmas day

It's Summer time at last 드디어 서머 타임
And now my world is bright 이제 나의 세상은 밝게 빛나고
With sun and surf by day 낮에는 태양과 서핑으로
And Christmas lights by night 밤에는 크리스마스 불빛으로

Hot chips at the beach (Mm, Mm) 해변에서 뜨거운 감자칩
Lollies and ice cream (oh yum) 사탕과 아이스크림
We'll rinse it down with fizzy drink 탄산음료로 시원하게 할 거야
It's a Kiwi Christmas dream 이것이 키위 크리스마스 꿈

Oh, jingle bells, jingle bells jingle all the way
Oh what fun, it is to have a Kiwi Christmas day, hay!
Oh, jingle bells, jingle bells jingle all the way
Oh what fun, it is to have a Ki-wi Christ-mas day, hey!!

영어. 영어. 영어.

내 주변엔 천사가 많다. 바로 어학원 기부 천사.

현대 한국을 살아가는 우리들의 평생 숙제. 학창시절부터 사회에 나와서도 우리는 영어에 시달렸지만 여전히 영어를 써야 하는 상황이 오면 머릿속이 새하얘진다. 학교에서 배웠던 영어는 대체 무엇이었을까? 이런 생각 끝에 우리 아이들에게는 '하우 아 유? 아임 파인 땡큐' 말고 좀 더 편하고 재미있게, 그리고 실용적인 영어를 가르쳐주고 싶은 마음이 자꾸 든다.

그런데 참 신기하게도 아이들과 뉴질랜드살이를 하시는 엄마들을 만나면 10명 중 8명은 이렇게 말한다. '저희는 영어 때문에 뉴질랜드 온 건 아니에요~' 물론 이 말이 완전히 거짓말은 아니다. 영어만 생각한다면 한국에서 가까운 나라의 국제학교를 다니거나, 미국, 캐나다와 같은 여러 다른 선택지가 있기 때문이다. 그래서 뉴질랜드를 선택한 부모들은 영어뿐만 아니라 청정 자연, 아이들이 안전하게 뛰어놀 수 있는 환경, 자유로운 교육과정 등을 함께 고려한 경우가 많다.

그래도 해외 파견이나 이민이 아니고서 아이들과 함께 해외살이를 결심한 경우는 대부분 아이들이 좀 더 자연스러운 환경에서 영어를 배웠으면 하는 마음이 크지 않을까? 나 역시 뉴질랜드살이를 선택한데는 여러 이유가 있었지만 아이들의 영어교육도 큰 몫을 차지했다. 그리고 여기서 지내는 2년 동안 아이들이 언어를 언어 자체로 배울 수 있었다는 점이 가장 의미 있었다고 생각한다. 영어는 단어장도 아니고, 숙제도 아니고, 그저 의사소통의 도구라는 것을 자연스럽게 체득할 수 있었으니까 말이다.

나는 교육 전문가가 아니다. 그리고 아이들마다, 각 가정마다 주어진 상황과 환경은 다르다. 하지만 주변에 해외살이를 준비하는 누군가가 있다면 한 가지 꼭 조언해주고 싶은 말이 있다. 아이들에게 영어로 공부하는 환경을 미리 조금은 노출시켜주고 오셨으면 하는 것이다. 물론 해외에 나가서 자연스럽게 체득하길 바라고 오시는 분들도 있다. 실제로 해외살이를 하는 이유 중 하나가 바로 그것이니까. 하지만 입장 바꿔 생각해보면, 당신에게 갑자기 전혀 모르는 언어로 하루에 6시간씩 수업을 들으라고 하면 어떻겠는가? 아마 난 도망가 버릴지도 모르겠다.

***

아이들이 잘 적응해서 점점 영어 책도 읽고 회화도 자연스러워지면 그와 함께 엄마도 모르는 것이 많다는 걸 빨리 인정해야 한다. 사실 아이들이 어렸을 때는 엄마가 세상의 전부이고, 세상의 모든 백과사전이며, 세상에서 제일 똑똑한 사람이다. 물론 성장해나가는 과정에서 엄마도 완벽하지 않은 사람이라는 것을 서서히 깨달아 가지만, 영어를 가르치다보면 그 사실을 훨씬 빨리 알려줘야 하는 경우가 생겨 마음이 씁쓸해진다. 모르는 단어를 물어오면 같이 찾아보며 함께 배우는 재미도 있지만, 가끔 내가 영어를 더 잘했다면 아이들이 더 편하게 배울 수 있었을 텐데 하는 아쉬움도 남는다. 그리고 아이들이 나의 발음을 신랄하게 지적하면 맘이 상하는 걸 어쩌나.

나도 너네처럼 어려서부터 배웠음 잘 했을걸! 흥. 유치한 마음이 불쑥 올라온다.

아마 이 글을 읽는 사람들이 가장 궁금할 점. 그래서 아이들의 영어가 얼마나 늘었냐고?

아이들은 빠르게 배우고 성장한다는 것을 또 한 번 느꼈다. 주변을 보면 이보다 더 빠르게 느는 친구도 있고, 좀 더 천천히 느는 친구들도 있지만 학교에서 영어에 노출되는 시간이 많다 보니 그와 비례해서 아이들의 영어 실력은 쑥쑥 늘어갔다. 물론 그와 동시에 한국어 문법과 맞춤법이 엉망이 되어가는 반작용은 어쩔 수 없었지만.

그래도 아이들에게 한국어든, 영어든, 중국어든, 언어라는 것은 친구들과 놀고, 운동을 배우고, 노래를 배우는 즐거운 도구라는 것을 알려줄 수 있었던 것만으로도 충분한 시간이 아니었나 싶다.

너희는 무엇이든 될 수 있어

오래된 나의 유치원 재롱잔치 비디오(맞다. 이제는 재생할 방법도 없는 바로 그 비디오 테이프다.)를 보면 선생님이 마이크를 들고 "○○이는 커서 뭐가 될 거에요?" 하고 묻는 장면이 있다. 그러면 한 줄로 쭉 서있던 아이들이 차례로 대답을 하는데, 여자 아이들은 하나 같이 '간호사,' 남자 아이들은 하나 같이 '과학자'라고 대답하던 장면이 기억난다. 그 때 나도 옆에 있는 친구를 따라 간호사라고 답했던 것 같다.

뉴질랜드에서 맨발로 뛰어놀고 있는 지금, 첫째 딸의 꿈은 1번 짐네스틱 선수, 2번 육상 선수, 3번 작가, 4번 선생님, 5번 방송PD이다.

그리고 둘째 딸의 꿈은 1번 아티스트, 2번 작가, 3번 선생님,

4번 엄마다.

 큰 아이가 너무 좋아하는 짐네스틱(gymnastic)을 처음 접하게 된 것은 뉴질랜드에 와서 였다. 내가 대학생이던 시절, 미국에 갔다가 그 곳에 사는 사촌 동생이 짐네스틱 배우는 곳을 따라 간 적이 있었다. 넓은 체육관에 큰 매트와 각종 체조 기구들, 그리고 그 안에서 유연함을 뽐내며 운동하는 아이들을 보고 한 눈에 반해버렸다. 나는 이미 늦어버렸지만 나중에 아이를 낳으면 꼭 가르쳐 봐야지 하고 기약 없는 다짐을 했었다. 그러나 손연재 선수가 각종 국제 대회를 휩쓸면서 우리나라도 체조 종목에 대한 관심이 높아졌지만, 집 근처에 아이들이 배울 만한 학원은 아직 없었다.

 그래서 여기 오자마자 제일 먼저 찾아본 것이 짐네스틱을 배울만한 장소였다. 다행히 뉴질랜드에서 짐네스틱은 학교에서도 가르치고 주변에서도 쉽게 배울 수 있는 운동이었다. 키위 아이들은 아주 어렸을 때부터 생활 체육처럼 배우는 운동이다 보니 학교 잔디밭에서도 흔히 풍차돌리기라고 부르는 카트휠(cartwheel) 동작이나 백덤블링(back dumbling)을 하는 친구들이 많다. YMCA에서 하는 짐네스틱 프로그램에 처음 갔을 때 우리 아이들의 표정을 잊을 수가 없다. 자기들에겐 너무 어려워

보이는 동작을 쉽게 하는 친구들을 보면서 잔뜩 위축되어 쭈뼛 거리던 모습이란... 안쓰러울 정도였다.

 물론 지금은 짐네스틱 선수를 꿈꿀 정도로 자신감이 늘어 누구보다 즐기고 있다. 아마 이런 꿈은 뉴질랜드에 오지 않았으면 상상도 못해봤을 것이다. 아이들에게 이런 하나하나의 경험들이 얼마나 큰 가치가 있는 일인지 새삼 느끼게 된다. 한국에서도 꼭 짐네스틱이 아니더라도 즐길 수 있는 운동 한 가지를 찾아서 꾸준히 할 수 있도록 도와주고 싶다.

 나는 살면서 운동을 하며 별로 즐거웠던 적이 없었고, 단 한 번도 운동선수가 되고 싶다는 생각을 해본 적이 없는데, 자기가 좋아하는 것을 스스로 찾아 꿈을 꾸는 아이들의 모습이 너무 기특하다. 그리고 커서 되고 싶은 것이 너무 많아 정하기 힘들다는 아이들에게 항상 이렇게 이야기해준다. 꼭 한 가지 꿈을 가지고 있어야 하는 건 아니라고. '짐네스틱 선수이면서 육상도 하고 작가 활동도 하고 그걸 가르치는 선생님이자 방송 PD도 될 수 있고, 아티스트이면서 글도 쓰고 학생도 가르치는 엄마가 될 수도 있어' 라고. 만약 어떤 사람이 이건 남자가 하는 일, 이건 여자가 하는 일. 또, 선생님은 이런 사람이어야 하고, 엄마는 이런 사람이어야 한다고 말한다면, 신경 쓰지 않아도 된다고. 너희는 무엇이든 될 수 있어. 그리고 너희가 어떤 자리에 있고 어떤 일을 하든지 엄마는 응원할거라고.

그리고 그렇게 말하며 나도 다시 한 번 다짐한다. 나도 모르게 아이들에게 내가 원하는 미래를 그려주려는 내 안의 욕심을 내려놓을 수 있도록.

오클랜드 마라톤

처음엔 그저 호기심이었다. 인스타그램에서 ASB 오클랜드 마라톤 광고를 처음 봤을 때, 오클랜드의 상징과도 같은 하버브릿지를 환하게 웃으며 뛰는 사람들의 모습이 너무 쿨해 보였던 것이다. 이런 기회 아니면 언제 하버브릿지를 도보로 건너보겠나 싶기도 하고, 한국에 돌아가면 마라톤에는 아예 관심도 갖지 않을 것 같은 생각이 들어서 마음이 바뀌기 전에 얼른 신청해 버렸다. 아마, 얼리버드 할인에 혹했던 것 같기도 하다.

그리고 한동안 잊고 살았는데, 어느 날 메일함을 열었더니 마라톤 D-100일 메일이 도착해 있었다. 아... 맞다! 처음 등록할 때는 혼자 뛸 생각에 11Km 마라톤을 등록했는데, 남편이 생각보다 빨리 한국에 들어가게 되면서 마라톤이 열리는 일요

일 오전에 아이들 맡길 곳을 찾아야 했다. '귀찮은데 취소할까? 내가 뛰면 얼마나 뛰겠어?' 하는 마음과 '그래도 지금이 아니면 언제 해보겠어?' 하는 마음 사이에 엄청난 갈등이 일어나기 시작했다. 한참을 고민하며 마라톤 홈페이지를 둘러보고 있는데 '5Km 가족 마라톤'이 눈에 띄었다. 아이들과 같이 5Km라... 대체! 대체! 무슨 생각으로 출전 코스를 바꾼건지. 100일 뒤 나의 모습은 상상도 못하지 못한 채... 아무튼 정신을 차리고 보니 두 딸과 나는 5Km 가족 마라톤에 등록되어 있었다.

D-30, D-10, D-3 하루가 멀다하고 오는 마라톤 안내 메일에 나의 시름은 깊어져만 갔다. 마라톤이 열리는 아침부터 시내까지 나가는 길을 교통 통제한다는데 출발 장소까지 어떻게 가야할지도 모르겠고, 아이들이 같이 잘 뛰어줄지도 걱정이고, 정말 괜한 짓을 했다는 후회가 하루하루 폭풍처럼 밀려왔다.

어찌되었든 취소 가능한 기간이 지나버렸으니 기념품이나 받아오자는 생각으로 사전 등록장으로 터덜터덜 향했다. 그런데, 그 곳의 분위기가 후회로 가득 찬 내 마음을 단번에 바꿔버렸다. 오클랜드 최대 마라톤이라는 명성에 맞게 사전 등록장은 번호표를 받으러 온 사람들로 북적였고, 그들이 내뿜은 에너지에 내 마음도 들뜨는 것이 느껴졌다. 나누어주는 노란색 마라톤 가방을 메고 참가자 이름이 하나하나 쓰여 있는 벽면에서 내 이름을 찾다보니 그간의 고민이 한순간에 사라져 버렸다.

 마라톤 당일 아침. 아이들 아침밥을 든든히 먹이고 준비물을 챙겨 집을 나섰다. 무엇 때문에 비장하기까지 한지. 아이들도 나도 설레는 마음과 긴장되는 마음을 함께 느끼며 출발선을 향했다.

 드디어 Start! 신나는 음악과 함께 사람들이 뛰기 시작했다. 의욕 넘치게 출발했지만, 출발 전만해도 1등을 하겠다던 둘째는 1Km를 넘어서자 완주 메달이고 뭐고 다 필요 없다며 당장이라도 주저앉을 표정이다.

 "그만 뛸까?"

 하고 물으니 그건 아니란다. 아마 주변에서 서로 격려하고 파이팅을 외쳐주는 사람들 때문일 것이다. 가족 마라톤에는 유모차를 밀며 뛰는 엄마도 있고, 아장아장 뛰어가는 3살 꼬마도 있고, 전동 휠체어를 타고 달리는 아이도 있었다. 아이도 그렇게 함께 뛰는 사람들을 보면서 쉽게 포기하고 싶진 않았던 것 같다. 학창시절 운동회마다 달리기 꼴찌를 기록했던 나도 내

손을 함께 잡고 뛰는 아이들이 있어 힘든 줄 모르고 달릴 수 있었다.

1시간은 넘게 걸릴 줄 알았는데, 46분대의 기록으로 결승점에 도착했다. 빨갛게 상기된 얼굴로 메달을 목에 건 아이들을 보니 괜히 마음이 뭉클하다.

"어땠어? 재미있었어?"
"진짜 힘들었는데, 쩌-기서 Finish 라인이 눈에 보이니까 가슴이 막 두근거렸어."

누가 보면 풀코스 마라톤이라도 뛴 줄 알겠다 싶지만, 그래도 아이들 손을 잡고 새로운 도전을 해낸 나를 오늘은 칭찬해 주고 싶다. 완주 메달을 목에 걸고 아이스크림 하나씩 입에 물고 집으로 돌아오는 길이 그렇게 홀가분할 수가 없었다.

다음 날 아이들은 마라톤 메달을 목에 걸고 당당히 학교로 향했다.

그리고 나는? 이틀 동안 소파에 누워만 있어야 했다.

400번의 도시락

　　　　해외살이를 하는 엄마들에게 악명 높은 것 중 하나는 매일 준비해야하는 점심 도시락이다. 물론 급식 시스템이 잘 갖추어져 있는 나라들도 많지만 입맛, 영양, 청결 모두 우리나라를 따라올 수는 없을 것이다.

　나 역시 도시락이 큰 걱정거리 중 하나였다. 낯선 환경에서 잘 먹고 올 수 있을지도 걱정이었고 어떤 음식을 싸줘야 할지도 막막했다. 보온 도시락에 하얀 쌀밥과 소세지를 싸줄 수도 없고. 현지 아이들이 먹는 음식과 어울리면서도 아이들이 좋아하는 음식을 찾는 것은 쉽지 않은 노릇이었다. 인터넷 검색도 해보고 먼저 해외살이를 하고 계신 선배 맘들에게 물어보기도 했지만, 결국 시행착오를 겪으며 감을 잡는 수밖에 없었다. 아이들의 학교는 8시 50분에 수업을 시작하고 10시 반쯤 모닝티

라는 간식 시간 겸 쉬는 시간이 있다. 그리고 12시 반 쯤 점심을 먹는다. 가만히 살펴보니 많은 아이들이 모닝티 시간에 간단한 스낵과 과일을 먹고 점심시간에는 샌드위치를 먹는 것 같다.

이 곳에서 가장 놀랐던 것 중 하나는 점심을 교실 밖에서 먹는다는 점이었다. 다 같이 식판에 음식을 받아서 교실이나 식당 자리에 앉아 먹던 것과는 너무 다르게 자유분방한 분위기이다. 아이들은 교실 밖 계단이나 놀이터에 앉아 가져온 도시락을 꺼내어 먹는데 특별히 아이들이 밥을 잘 먹고 있는지 봐주는 사람은 없는 것 같다. 그나마 고학년은 나은 편인데, 저학년 아이들은 노느라 바빠 대충 먹다 말고 오는 경우도 많다. 또 약간의 비바람은 쿨하게 이겨내며 밖에서 밥을 먹기 때문에 도시락통을 씻다보면 가끔 모래와 나뭇잎을 함께 만날 수 있다.

학교에 다닌지 얼마 되지 않았을 때는 이런 분위기가 어색해서 그런지 싸준 음식을 남겨올 때가 많았다. 제대로 밥도 못 먹고 6시간을 보내고 온 아이들을 생각하면 엄마의 마음은 타들어 간다. '겉으로는 씩씩하게 잘 다니는 것처럼 보이지만 사실은 엄청나게 애를 쓰고 있구나' 싶은 마음에 안쓰러워 최대한 좋아하는 걸로, 하지만 간편하게 먹을 수 있는 음식을 찾았다.

여러 번의 시행착오를 거쳐서 정착하게 된 주된 메뉴는 유부초밥, 삼각김밥, 크로와상 샌드위치, 치킨너겟 등이다. 보온 도시락에 볶음밥도 싸 줘 봤지만 숟가락으로 퍼 먹는 걸 별로 좋아하지 않았다. 그러다보니 자꾸 아침 식사를 한식으로 잘 챙겨 먹여야겠다는 생각이 들어서 아침마다 밥 차리랴, 도시락 싸랴 영혼이 나가는 기분이다.

예전 우리 엄마들은 대체 이걸 어떻게 해내신걸까.

***

아이들이 다니던 학교는 규모가 큰 편이라 런치 오더(lunch order)가 가능한 학교였다. 그 전날까지 웹사이트를 통해 미리 주문하면 학교로 도시락이 배달되어 와서 점심시간에 받아서 먹을 수 있는 시스템이다. 스파게티, 토스트, 샌드위치, 스시 등 꽤 다양한 메뉴가 있고, 따뜻하게 먹을 수 있다는 장점이 있다. 그리고 매일 도시락 싸기에 지친 엄마들에게 오아시스 같은 존재이기도 하다. 그런데 문제는 우리 딸들은 마지막 학기까지 런치 오더를 계속 거부했다는 것이다. 가끔 살짝 이야기를 꺼내보면 점심시간에 음식을 받으러 다녀오면 이미 아이들은 다 먹고 놀고 있어서 싫다는 것이다. 마지막 학기가 되어서 짐 정리 때문에 도시락을 쌀 수 없는 상황이 되어서야 몇 번 해본 게 전부였다.

"엄마 근데 런치 오더 진짜 맛있더라? 나 왜 진작 안했지?"

처음 런치 오더를 먹고 온 큰 아이의 말이다. 그러게나 말이다. 너네 왜 진작 안했니. 일주일에 5일, 1년에 40주 수업. 그렇게 2년을 지냈으니 꼬박 400번에 가깝게 도시락을 준비했다. 이제 한국에 가면 영양사 선생님이 준비해주시는 균형 잡힌 급식을 먹어 보자꾸나.

드디어, 도시락 해방이다!

귀국 준비,
혹은 짐정리 지옥

한국으로 돌아가는 일은 무척 설레지만 그 전에 해결해야 할 엄청난 일들이 있다. 그 중 가장 큰 것이 바로 짐정리다. 한국에서 뉴질랜드로 올 때 컨테이너로 아예 가구나 가전제품까지 실어 오는 분도 계시고 간단히(결코 간단하지는 않지만) 이민 가방에 필요한 짐만 챙겨 오는 분들도 계신다. 우리는 와서 쓰고 버리고 갈 수 있는 것들로만 챙겨 이민 가방에 담아왔는데, 왜 돌아갈 짐도 이렇게 많은지... 미니멀 라이프의 시작은 잘 버릴 수 있는 것이라고 했는데, 난 아무래도 맥시멀 라이프 밖에 살지 못할 것 같다는 생각이 든다. 귀국 한 달 전부터 대략 짐을 정리하기 시작했다.

짐 정리 행동 수칙 1.
한국으로 가져갈 수 없을 것 같은 물건은 사지 않기

짐 정리 행동 수칙 2.
해상 화물로 보내야 할 물건 미리 싸두기

뉴질랜드에서 그렸던 그림, 아이들 책, 두꺼운 겨울 옷 등 최소한만 싼다고 했는데도 벌써 세 박스다. 해상 화물은 대략 출발부터 통관되어 집까지 오는데 한 달 정도를 예상한다. 그렇지만 배가 자주 있는 것이 아니고 연말, 연휴 등 변수가 많아 두 달까지도 걸릴 수 있다. 그러니 한국에 가서도 당장 필요하지 않을 것들로만 보내야 하는데, 일단 여기서부터 머리가 아프기 시작한다. 이게 지금 필요한가? 한국은 겨울인데 당장 아이들 입힐 겨울옷은 따로 들고 가야 하는데? 이걸 가져갈까 버릴까? 한 순간의 선택이 후회를 낳을 수도 있다.

그렇지만 해상 화물을 보내는 일은 그저 시작일 뿐이다. 이제부터가 진짜다. 2년 동안 살면서 왜 이렇게 짐이 늘었는지, 필요 없는 물건을 버리다보니 그동안 내가 쓰레기 더미에서 살았나 싶다. 아이들 장난감부터 조리도구까지 끝도 없이 나온다. 그런데 이상하게도 쓰레기를 버리는 것만으로도 뭔가 희열이 느껴진다. 아 진작 이렇게 깔끔하게 살 것을. 한국에 가면 정말 필요한 것만 놓고 살아야지... 하는 지키지도 못할 다짐을 또 해본다.

다음으로 처리해야 할 것들은 가구다. 상태가 괜찮은 것들은 중고 거래를 하고, 아닌 것들은 나눔을 하거나 버려야 한다. 가구들의 가격 책정부터 판매, 픽업 일정 조율까지... 별로 없다고 생각했던 살림살이들이 막상 정리하려니 어디서 그렇게 자꾸 나오는지. 돈을 벌겠다는 생각보다는 이걸 다 정리해야 집에 갈 수 있다는 생각에 마음이 조급해져 온다.

다행히 코리아 포스트(Korea Post)를 통해 한국 교민 간 중고 거래 인프라가 잘 구축되어 있어 살림을 판매하는 것은 어렵지 않았지만 아무래도 신뢰를 바탕으로 하는 거래이다 보니 예약만 해놓고 연락을 끊거나, 와서 자꾸 흥정을 하려고 하시는 분들, 질문만 가득하고 구매 결정을 미루는 분들을 상대하는 것은 엄청난 에너지가 필요한 일이었다. 그나마 구매하러 오셔서 그동안 뉴질랜드에서 좋은 추억 많이 만들었냐며, 한국 가서도 아이들과 건강히 잘 지내라고 따뜻한 한마디 말씀 전해주시는 분들 덕분에 위로가 된다.

줄이고, 줄이고, 줄인다고 했는데도 이민 가방 3개에 캐리어 3개가 나왔다. 그래도 다 정리한게 어딘가 싶다.

마지막 가구까지 모두 정리하고 나서 집을 둘러본다. 이렇게 텅 비어있던 집에 처음 들어와서 설레였던 순간, 가구를 사서 채우고 꾸미며 즐거웠던 순간, 아이들이 아파서 속상했던 순간, 창밖의 바다를 보며 커피 한 잔 마시며 행복했던 그 모든 순간들이 스쳐 지나간다. 그리고 갑자기 펑펑 눈물이 쏟아진다. 누군가에게 위로 받고 싶은 마음에 전화를 걸었더니 한국에 있는 남편이 위로라고 건넨 한마디.

"울지 마. 한국도 나쁘지 않아."
"...?"

누가 한국 가기 싫어서 울고 있나? 그동안의 추억과 이 곳을 떠나는 아쉬움 같은 건 전혀 느끼지 못하는 걸까? 정말 말도 안 되는 공감 능력이란... 뭐, 덕분에 눈물이 쏙 들어가긴 했다.

부동산 인스펙션(inspection, 이사 전 부동산 중개업자와 함께 집 상태를 확인하는 절차)까지 마치고 나니 이제 정말 떠나는구나 하는 생각이 든다. 귀국까지 남은 날, 열흘. 이제 홀가분한 마음으로 레지던스 호텔에서 지내다 돌아갈 예정이다.

2년 동안 우리를 지켜주고 품어주었던 이 집이 종종 그리울 것 같다. 안녕- 우리들의 빨간 벽돌집- 그동안 고마웠어.

못다한 이야기 _ 향유고래, 빙하 그리고 아이들

　　카이코우라(Kaikoura)는 마오리어로 '가재를 먹는다'는 뜻을 가진 남섬 동부 해안가의 도시다. 뉴질랜드 첫 캠퍼밴 여행 때 들렸던 이곳은 포경이 불법이 아니던 그 시절, 포경 산업으로 꽤 화려했던 기억을 가지고 있는 곳이라고 한다. 지금은 걸어서도 금방 시내를 둘러볼 수 있을 정도의 작은 도시로 변해버렸지만 말이다.

　그런데 이 작은 도시에 전 세계 사람들이 찾아오는 이유가 있다. 바로 여기서 향유고래를 만날 수 있기 때문이다. 고래 중 가장 큰 종이라는 향유고래는 수컷의 경우 길이가 20m, 무게가 40t에 달해 이빨을 가진 동물 중에는 지구상에 존재했던 그 어떤 동물보다 크다고 한다. 쉽게 상상이 가지 않는 이 거대한 동물을 보기 위해 사람들은 카이코우라로 모인다.

하지만 언제나 향유고래를 만날 수 있는 것은 아니다. 카이코우라 앞바다는 거센 바람과 파도로 배가 출항하지 못하는 경우도 잦다. 빡빡한 여행 일정 중에 이 도시를 찾는 사람들은 미처 바다에 나가보지 못하고 떠나야 하는 경우도 많다. 우리 역시 흐린 하늘에 마음을 졸이며 한참을 기다려야 했다.

다행히 출항 가능 사인이 뜨고 올라탄 배 위에서 우린 또 멀미를 견뎌야 했다. 고래를 포기하고 육지로 돌아가고 싶은 마음이 들 때 쯤, 객실 내 승무원들의 움직임이 바빠지며 고래를 찾았다는 방송이 들려왔다.

바다 위 야트막한 섬처럼 보이는 향유고래의 등. 커다란 몸을 천천히 움직이는 그 모습은 우아하기 그지없었다. 돌고래들의 움직임이 날쌔고 빠른 재간둥이 같다면, 이들의 움직임은 보다 신비롭고 황홀했다. 그들의 평화로운 일상을 깨뜨린 인간의 욕심에 미안한 마음이 든다. 한참을 그 자리에서 머물던 향유고래는 등에서 커다란 물줄기를 내뿜고, 그 멋진 꼬리를 내보여주고 난 뒤 다시 자신의 안식처인 바다 속으로 들어갔다. 선실 안으로 들어와 사진을 다시 보면서도 방금 전까지 저 고래가 내 눈 앞에 있었다는 사실이 잘 믿기지 않는다.

대자연이 주는 뭉클한 감동. 짧은 시간이었지만 향유고래를 만난 것은 마치 영화의 한 장면에 들어갔다 온 듯 생생하고 가슴 뛰는 경험이었다. 글을 쓰는 지금 이 순간도 그 순간의 떨림이 잊히지 않는다.

그런데 종종 뉴스에서 환경오염, 불법 포경과 같은 이야기를 들으면 그 때 만났던 고래가 생각난다. 과연 나중에 우리 아이들이 카이코우라를 가도 다시 향유고래를 만날 수 있을까? 10년 뒤에는 빙하가 녹아 사람이 직접 오르지 못할 수도 있다고 하는데, 우리 아이들은 다시 빙하투어를 갈 수 있을까?

어쩌면 우리가 했던 그 많은 투어들도 평화로운 자연을 괴롭히는 일이었을지 모른다는 생각을 한다. 보다 자연 가까운 곳에 살고 싶어 찾아온 뉴질랜드에서 자연이 주는 많은 선물을 받으면서 우린 참 모른 채 하고 살았다. 떠날 때가 되어서야 아쉬움과 감사함을 마음속에 가득 담아본다. 물론 빡빡한 일상을 살다보면 또 모른 척 하루를 살아가겠지만, 지금 담아놓은 이 마음이 조금씩 우리를 바꿔놓을 수 있지 않을까 기대해본다.

그리고, 앞으로 아이들이 살아갈 미래에도 아름다운 향유고래와 빙하가 오랫동안 함께 하길.

♡ 뉴질랜드 또 가고 싶다 ☺ 엄마 책 너무 기대된당!
-Yubin

✲ 캠퍼밴 또 타고 싶다 ❗
엄마 사랑해요 ❗
-Jiyoo

로망과 현실 사이
: 뉴질랜드에서의 709일

초판 1쇄 발행 2022년 11월 11일
초판 2쇄 발행 2022년 12월 1일
지 은 이 박지현
발   행 JOO HEE HYUN
인   쇄 서울프로아트
발 행 처 스토리zip
출판등록 2018년 8월 15일(제018-000101호)
주   소 100-272 서울시 중구 필동로16, B2
전자우편 storyzipcom@gmail.com
전화번호 02-2666-1253

ISBN 979-11-90495-93-6
가 격 18,000원

©2022story.zip
이 책의 판권은 스토리zip과 지은이에게 있습니다. 책 내용의 전부 또는 일부를 사용하려면
반드시 양측의 서면 동의를 받아야 합니다.